"新财经"课程思政系列丛书

政治经济学课程思政案例集

主　编
吴　垠

编　委（排名不分先后）
张　志　陈姝兴　姚常成
葛浩阳　冯鹏程

西南财经大学出版社
Southwestern University of Finance & Economics Press
中国·成都

图书在版编目(CIP)数据

政治经济学课程思政案例集/吴垠主编 .—成都:西南财经大学出版社,2021.10

ISBN 978-7-5504-4830-8

Ⅰ.①政… Ⅱ.①吴… Ⅲ.①高等学校—思想政治教育—教案(教育)
Ⅳ.①G641

中国版本图书馆 CIP 数据核字(2021)第 054149 号

政治经济学课程思政案例集

主编:吴垠

编委(排名不分先后):张志 陈姝兴 姚常成 葛浩阳 冯鹏程

责任编辑:李晓嵩

助理编辑:杨婧颖

责任校对:雷静

封面设计:何东琳设计工作室

责任印制:朱曼丽

出版发行	西南财经大学出版社(四川省成都市光华村街 55 号)
网　　址	http://cbs.swufe.edu.cn
电子邮件	bookcj@swufe.edu.cn
邮政编码	610074
电　　话	028-87353785
照　　排	四川胜翔数码印务设计有限公司
印　　刷	四川五洲彩印有限责任公司
成品尺寸	185mm×260mm
印　　张	10
字　　数	181 千字
版　　次	2021 年 10 月第 1 版
印　　次	2021 年 10 月第 1 次印刷
印　　数	1— 2000 册
书　　号	ISBN 978-7-5504-4830-8
定　　价	29.80 元

出版说明

为深入贯彻落实习近平总书记关于教育的重要论述和全国教育大会精神，贯彻落实中共中央办公厅、国务院办公厅《关于深化新时代学校思想政治理论课改革创新的若干意见》，把思想政治教育贯穿人才培养体系，全面推进高校课程思政建设，发挥好每门课程的育人作用，提高高校人才培养质量，教育部印发了《高等学校课程思政建设指导纲要》（以下简称《纲要》）。《纲要》指出，全面推进课程思政建设是落实立德树人根本任务的战略举措。培养什么人、怎样培养人、为谁培养人是教育的根本问题，立德树人成效是检验高校一切工作的根本标准。课程思政建设是全面提高人才培养质量的重要任务。

为全面贯彻新时代党的教育方针，落实立德树人根本任务，国家教材委员会印发了《习近平新时代中国特色社会主义思想进课程教材指南》，明确要求把习近平新时代中国特色社会主义思想有机融入课程教材。《“党的领导”相关内容进大中小学课程教材指南》首次就“党的领导”相关内容融入课程教材作出整体设计，对于深入推进习近平新时代中国特色社会主义思想进教材、进课堂、进头脑具有重大意义。

根据相关文件精神，西南财经大学于2021年成立课程思政研究中心。为切实落实本科专业类教学质量国家标准和一流专业建设的基本要求，充分发挥教材在课程思政建设中的关键作用，打造课程思政精品教材体系，西南财经大学课程思政研究中心组织金融学院、保险学院、经济学院、工商管理学院、会计学院、财政税务学院、统计学院、经济信息工程学院、法学院、国际商学院、公共管理学院、经济数学学院、经济与管理研究院等出版了课程思政系列丛书（以下简称“丛书”）。

丛书以习近平新时代中国特色社会主义思想为指导，紧紧围绕教学导向“准”、育人格局“全”、思政元素“齐”、覆盖范围“广”、教学团队“强”的目标，围绕国家、区域以及学校课程思政建设的发展要求，深入挖掘各类课程和教学方式中蕴含的思想政治教育资源，致力于加快构建中国特色哲学社会科学学科体系、学术体系、话语体系，帮助学生了解经管类学科专业知识和行业领域的国家战略、法律法规和相关政策，引导学生深入社会实践、关注现实问题，培育学生经世济民、诚信服务、德法兼修的职业素养。丛书以案例集、教学指南等形式，教育引导学生把国家、社会、公民的价值要求融为一体，提高个人的爱国、敬业、诚信、友善修养，自觉把小我融入大我，不断追求国家的富强、民主、文明、和谐，倡导社会的自由、平等、公正、法治，将社会主义核心价值观内化为精神追求，外化为自觉行动；教育引导学生深刻理解中华优秀传统文化中讲仁爱、重民本、守诚信、崇正义、尚和合、求大同的思想精华和时代价值；教育引导学生传承中华文脉，富有中国心、饱含中国情、充满中国味；教育引导学生深刻理解并自觉践行各行业的职业精神和职业规范，增强职业责任感，培养遵纪守法、爱岗敬业、无私奉献、诚实守信、公道办事、开拓创新的职业品格和行为习惯，着力培养具有社会责任感、创新精神和国际视野的财经领域卓越人才。

丛书涵盖西南财经大学国家级重点学科和一流本科专业，作者包括西南财经大学国家级教学团队成员和其他资深教师。丛书经过作者反复斟酌研讨、倾力编撰而成，将思想政治教育寓于教学之中，让学生在学习专业知识的同时，增强“四个意识”，坚定“四个自信”，自觉做到“两个维护”，深入推进习近平新时代中国特色社会主义思想进教材、进课堂、进头脑。

西南财经大学课程思政研究中心

前言

深入挖掘高校各类课程中包含的思政教育资源，促进课程思政教育和专业教育深度有机融合、同向同行，是落实立德树人根本任务的重要途径。习近平总书记指出：我们党历来高度重视思政课建设。在革命、建设、改革各个历史时期，我们党对思政课建设都作出过重要部署。新民主主义革命时期，我们党在红军大学、苏维埃大学、抗日军政大学、陕北公学等高校开设“党的建设”“中国革命运动史”“马列主义”“辩证唯物主义”“科学社会主义”等课程，在列宁小学开设“社会工作”课程，在解放区的小学、陕甘宁边区的中学开设“政治常识”课程。中华人民共和国成立后，我们党就把“中国革命常识”“共同纲领”列入中学教学计划，在高校开设“中国革命史”“马列主义基础”“政治经济学”“辩证唯物论与历史唯物论”等课程，强调中高等学校政治理论课的任务是用马克思列宁主义、毛泽东思想武装青年，培养坚强的革命接班人①。本书高度重视习近平总书记对思政课和课程思政的要求，以西南财经大学政治经济学课程为例，简要论述如何立足高等教育进入全面提质新阶段，深化改革创新，推动高校课程思政建设走深走实，并以课程思政案例集的形式进一步落实中央对上好思政课、做好课程思政工作的基本要求。

科学设计课程思政教学体系，是西南财经大学深入贯彻党的十九届五中全会精神、学习百年中国共产党党史、习近平总书记关于高等教育相关论述和讲话精神的重要抓手。作为高校政治经济学课程教学的老师，我们不断使

① 习近平. 思政课是落实立德树人根本任务的关键课程［EB/OL］.（2020-08-31）［2021-03-04］. http://www.qstheory.cn/dukan/qs/2020-08/31/c_1126430247.htm.

思政教育和课程思政的理念、目标、方法贯穿于教学全过程，体现到专业核心课程的人才培养方案和教学内容当中；结合不同学科、不同专业、不同课程的特点，遵循学生认知规律，全面挖掘、系统梳理、精准拟定课程开展思政教育的内容体系、教学目标、教学任务与教学方法，确保在传授专业技能的同时，将思政教育内容自然而然地渗透到专业课程教学体系当中，使教书与育人有机融合；善用历史变焦镜、思想透视镜、时代反光镜，让学生理解专业课程所蕴含的价值观，为培养既具有高尚思想品德和人文素养又具有一定专业水平和能力的青年人才提供坚强保障，最终的培养目标是立足中国大地，培养社会主义事业建设者和接班人。

“政治经济学”是经管类学科的大学科基础课程，课程地位非常重要，我们着重突出课程思政的引领关键在以习近平新时代中国特色社会主义思想为指南。课程内容分为五大部分，即导论、商品和货币、资本主义经济、社会主义经济、经济全球化和推动构建人类命运共同体。在今天这个数字互联网时代，课程也积极推动线上数据、案例、习题库等建设，提供全方位的课程思政建设模板。我们以习近平新时代中国特色社会主义思想为指南，紧跟高等教育改革的时代要求，坚持深化教育改革创新，实现由“思政相关课程”向“课程思政统领”的转变，努力构建德、智、体、美、劳全面培养的教育体系，把立德树人、思政教育融入政治经济学专业教学全过程，实现知识传授、能力培养与价值引领的有机统一，充分发挥“政治经济学”课程育人作用，守牢意识形态阵地。

我们把课程思政融通于线上线下全过程。①在国家级线上平台上的应用情况：在全国上下齐心协力抗疫期间，我们依托西南财经大学全国中国特色社会主义政治经济学研究中心，坚持停课不停教，发挥学科优势，为校内外大学生提供优质线上教学资源，着力打造课程思政“金课”。由我们建设申报的“政治经济学”课程入选并上线中共中央宣传部学习强国学习慕课平台（四川学习平台、全国学习平台），每位老师的授课视频在学习强国平台上点击总次数均达数万次，累计点击几十万次，是目前中宣部学习强国全国平台唯一的政治经济学课程。本课程上线学习强国平台后，将继续围绕中国特色社会主义建设实践的新发展和新需求，推动政治经济学教学供给侧结构性改革，打造师资团队，优化课程内容，拓展课程建设的内涵和外延，主动对接学校新财经发展战略，争取为西南财经大学“双一流”建设和课程思政贡献力量。与此同时，政治经济学慕课已经在2020年11月上线中国慕课网和爱课程网，现有13 000多学生在线上课。②在课程思政和立德树人方面的情况：课程高度重视“课程思政统领”的作用，致力于把立德树人、思政教育融入政治经济学专业教学全过程，实现知识传授、能力培养与价值引领的有机统一，充分发挥“政治经济学”课程育人作用。我们积极在课堂上引领学生认真学习习近平新时代中国特色社会主义思想，讲解中国如何立足新发展阶段，贯彻新发展理念，构建新发展格局；并积极融入百年党史教学，取得较好的融会贯通效果。③在实际教学中的应用情况：政治经济学作为西南财经大学的大学科基础课，几乎是所有本科生的必修课。对此，西南财经大学鼓励学生以在线课程作为预习和课堂学习的配套资源。另外，课程主讲人还利用该在线课程，成功申报了“政治经济学”线上线下混合“金课”（中央高校教育教学改革专项资金项目），以充分发挥和挖掘该课程的应用价值。④面向其他高校学生和社会学习者的预期应用情况及效果：政治经济学在线课程向其他高校学生和社会学习者开放。从预约本课程人员的信息来看，学习者来自诸多高校在校学生和诸多行业的从业人员。课程高度重视向社会开放过程中的价值引领、课程思政作用，严格按照思政育人、立德树人的高标准开展课程建设和讲授。⑤课程提供丰富的辅助阅读材料供学生阅读情况。拓展阅读书目包括：《习近平谈治国理政》，外文出版社出版；《习近平总书记系列重要讲话读本》，人民出版社出版；等等。

为了更好地培养学生独立思考、融会贯通的分析能力，我们致力于建设环境宽松、思想开明、心胸开阔、视野开放、善于突破的开放性的政治经济学线下线上课堂。同时，课程综合线上特有资源，最大化听课学生的收获感，体现出多点传播、平台传播、实时接入、共享学习的特点。具体表现如下：①在借鉴并综合《政治经济学》教材内容的基础上，课程负责人重新设计和优化了课程体系，使其由浅入深、循序渐进，体系更加系统完整，知识量更加丰富。②我们力求用通俗的语言解构深奥的政治经济学理论，帮助学生快速架构起属于自己的政治经济学知识体系，尤其要突出理论与课程思政案例的有效结合。③课程思政案例的练习、答疑、讨论等内容安排得当，以便学生评估自己的学习情况。课后主讲教师积极答疑和参与讨论，并不定期分享部分案例供学生思考。④《政治经济学课程思政案例集》坚持以习近平新时代中国特色社会主义思想为指南，不断丰富和发展中国特色社会主义政治经济学理论体系，立足中国大地讲授中国故事、中国经验、中国道路、中国方案。

未来五年，我们将持续开设线下课程，每年开课两次。同时，在实际教学中，我们将持续开展线上线下相结合的教学应用和创新，并将配合其他高校使用，实行混合式教学改革，突出课程思政案例集的价值观引领作用，强化课程在中宣部学习强国和中国慕课网平台的建设。我们将根据学生反馈和教学需求，及时修正、增添新内容，每学期都将面向高校学子开展研究型、创新型学习。

第一，不断改善线下线上课程内容，完善课程体系，帮助学生拓宽学术视野。第二，进一步强化政治经济学课程的课程思政教育特点。第三，强化课程服务社会的功能，逐渐开始政治经济学与构建中国新发展格局、构建四川新发展格局的短期在线培训课程，穿插现实案例、数据分析、政策解析，提升课程亮点。第四，强化校内资源支撑，组织中青年老师、骨干学生参与课程建设，创设政治经济学课后后台服务力量，转变教学模式。第五，加大课堂讨论区的运用。我们将定期地发布一些政治经济学的新闻和前沿研究成果，让学生了解政治经济学的发展动态，并组织大家进行讨论，还会针对讨论内容进行点评和分析，更好地做到理论与实际的结合。

前瞻未来，我们对课程思政教学范式的推动有如下方案和建议：

1. 推动课程思政理念进课堂、进教材，防止“形式化”和“表面化”现象

一方面，我们应在课程教学中深入推进课程思政理念进学生头脑，加强以党史为重点的“四史”教育。我们要用好用活百年党史这部最厚重的教

科书，引导学生深刻感悟党的光辉历程。另一方面，在专业核心课程教学中，我们应紧密围绕专业特色，深入学习贯彻习近平新时代中国特色社会主义思想，深入挖掘专业核心课程中蕴含的思政素材，找准课程思政的抓手和着力点。例如，融入中国构建新发展格局等学生普遍关注的热点新闻，系统阐释中国发展历程，培养学生的爱国情怀。与此同时，我们在编写专业教材时应将思政教育作为素质目标，与知识目标、能力目标一起纳入学习目标，使其系统化和科学化，引导学生树立正确人生观和价值观，达到立德树人“润物细无声”的效果。

2. 加强课程思政教学团队建设，防止“教不了”和“教不好”现象

我们应强化专业教师课程思政意识，打造既有专业教学技能又有思政教学技能的跨学科教师队伍。一方面，我们应围绕课程育人目标，常态化开展集体备课、集中研讨、集中展示，大力提升教师课程思政教学水平；另一方面，我们应充分运用教学实践、专题培训、课程研讨、外出进修等手段和方法，提升教师课程思政教学能力。专业课教师应广泛关注国内外时事与国家大政方针，多与思政课教师交流协作，从历史和现实、理论和实践、国内和国际对比等多个维度推敲专业课与思政教育的契合点，将思政课程内容丰富起来。

3. 多措并举创新教学手段方法，防止“不愿学”和“不爱学”现象

在课程思政实施理念上，我们应抛弃生硬说教，提高课程思政的亲和力；在课程思政实施方法上，我们应提倡多元化，充分调动学生积极性和能动性，使学生喜欢学、学得进去；在课程思政实施途径上，除课堂教学外，我们应开拓第二课堂，如邀请知名专家、企业家、优秀校友代表等为学生开设专题讲座，还可以组织学生参观校企合作单位，引导学生关注与专业相关的公众号或行业网站，使课程思政与专业教育融合得更接地气、更有活力，增强课程思政建设的指导性和针对性。

为此，我们编写了这本《政治经济学课程思政案例集》，把培养学生的价值观和运用马克思主义理论、方法论解决中国问题当作首要任务。在编写的过程中，我们得到了西南财经大学教务处汤火箭处长的大力支持，教务处

侯玉艳老师、西南财经大学出版社李晓嵩老师也给予了技术和出版方面的支持，西南财经大学经济学院政治经济学研究所张志老师、陈姝兴老师、姚常成老师、葛浩阳老师、冯鹏程老师也积极参与了本书的编写工作。特别需要说明的是，本书编写过程正值政治经济学课程组课程教学任务最为繁忙的时期，政治经济学研究所其他老师努力承担了课程组大量的课程任务，也为本书成功编写贡献了力量。为此，我们向以上支持本书编写工作的所有同志表示最衷心的感谢。当然，限于水平和编写时间有限等原因，本案例集还有诸多不足，敬请专家学者、读者朋友和同学们多提宝贵意见、建议，为我们今后更好地完善这本案例集提供指引。

吴垠

2021 年 8 月

目录 CONTENTS

导论

引言：“我们党历来高度重视思政课建设。在革命、建设、改革各个历史时期，我们党对思政课建设都做出过重要部署。新民主主义革命时期，我们党在红军大学、苏维埃大学、抗日军政大学、陕北公学等高校开设‘党的建设’‘中国革命运动史’‘马列主义’‘辩证唯物主义’‘科学社会主义’等课程，在列宁小学开设‘社会工作’课程，在解放区的小学、陕甘宁边区的中学开设‘政治常识’课程。新中国成立后，我们党就把‘中国革命常识’‘共同纲领’列入中学教学计划，在高校开设‘中国革命史’‘马列主义基础’‘政治经济学’‘辩证唯物论与历史唯物论’等课程，强调中高等学校政治理论课的任务是用马克思列宁主义、毛泽东思想武装青年，培养坚强的革命接班人。我上中学时，学的政治课本叫《做革命的接班人》，书上讲的‘热爱生产劳动，艰苦奋斗，用自己的双手建设富强的社会主义祖国’‘立雄心壮志，做革命的接班人’等，影响了我们这一代人的理想信念和人生选择。改革开放以来，党中央先后出台了10多个关于学校思想政治工作的文件，对思政课建设提出明确要求，不断推动思政课改革。”① 本章作为政治经济学课程思政案例的导论章节，将结合习近平同志的论述选择若干案例进行分析和探讨。

案例一　“政治经济学”是政治加经济的学科吗

在中国古书《周易》中，有“经”和“济”二字，在隋代王通的《文中子·礼乐篇》中，曾有“经济之道”的说法。杜甫的《上水遣怀》诗曰：“古来经济才，何事独罕有。”《宋史·王安石传论》中也有“以文章节行高一世，而尤以道德经济为己任”的论述。

---

① 习近平. 思政课是落实立德树人根本任务的关键课程［J］. 新长征（党建版），2021（3）：4-13.

在西方，古希腊思想家色诺芬最先使用“经济”一词。他于公元前387年至公元前371年写成了《经济论》，以记录苏格拉底与他人对话的形式，阐述了收入与支出、财富及管理、农业及管理、分工等问题。《雅典的收入》则具体分析了奴隶制国家管理的范围。后来，亚里士多德发展了色诺芬的经济思想，将家庭管理置于奴隶制国家管理的范围，并在《政治论》中，把经济论当作广义政治论的一个组成部分。他区分了“家庭管理”与“货殖”这两种生财方式，并在有关“货殖”的论述中，提出了关于商品交换中的等价原则和价值形态等见解。

19世纪下半叶，日本使用中国古籍中“经济”一词来翻译英语词汇economy，我国在20世纪初又从日本引进富有现代含义的“经济”一词。

在经济学说史上，最早使用“政治经济学”一词的，是法国重商主义的代表人物蒙克莱田。14—15世纪，商业，特别是海外贸易迅速发展，重商主义经济思想开始出现。重商主义是资产阶级最初的经济学说。它以流通为对象，主要研究商业和海外贸易。1615年，蒙克莱田发表了《献给国王和王太后的政治经济学》一书，首次使用了“政治经济学”的概念。从此以后，“政治经济学”一词被广泛使用，成为研究社会经济问题这门学科的名称。1890年马歇尔出版了《经济学原理》一书后，这门学科的名称逐渐又由“政治经济学”改为“经济学”，而且马歇尔认为，政治经济学和经济学是通用的，之后，该观点被广泛认同。

案例讨论

1. 如何理解中西古代典籍中“经济”一词的含义？

2. 我国古代典籍中的“经济”不同于今天“经济”的含义，那么能否由此推断，我国古代没有经济思想？

3. 政治经济学是政治学科、经济学科还是政治加经济的学科？

案例二　诺贝尔经济学奖评奖过程的倾向性

在历届57位诺贝尔经济学奖得主中，美国有32位，占整个获奖人数的56.1%。为何美国经济学家在诺贝尔经济学奖中能够独占鳌头？除了美国学者在经济理论研究方面的贡献以外，美国学者们长期掌控着经济学领域中的评选话语权也是重要原因。在全球范围内，为经济学做出卓越贡献的学者大有人在，发展中国家的学者为什么很少获奖？这是有其阶级立场和价值判断标准的。

正如凯恩斯所说：“如果当真要追求阶级利益，那我就得追求属于我自己那个阶级的利益……在阶级斗争中会发现，我是站在有教养的资产阶级一边的。”凯恩斯这位在当代最有影响力的西方经济学家，公开宣布自己追求的资产阶级利益和所站的资产阶级立场。这与那些在经济学阶级性问题上遮遮掩掩或避而不谈的经济学者相比，当然要坦白得多和直率得多。西方经济学者中有不少人并不讳言他们的经济学是一种意识形态。例如，伦敦大学教授奇克说，在西方国家，不仅宏观经济学难以同政治分开，而且在微观经济学中也充满了意识形态的东西。同样，对不同经济制度的好坏做出论断，通常也离不开特定利益集团的价值判断。正如诺贝尔经济学奖获得者豪尔绍尼所说，价值判断经常在经济学中发挥重要作用，它们影响着经济学家所做出的政策建议以及他们对不同经济组织体制的优缺点所做出的判断。另一位诺贝尔经济学奖获得者、美国经济学家索洛指出：“社会科学家，跟其他人一样，也具有阶级利益、意识形态倾向和各种价值判断。但是，所有社会科学的研究，跟材料力学或化学分子结构的研究不同，都与意识形态、（阶级）利益和价值判断密切相关。不论社会科学家对此是否承认，也不论对此是否知道，甚至哪怕他对此表示反对，然而他对研究课题的选择，他提出的问题，他没有提出的问题，他的分析框架，他使用的话语，都很可能在某种程度上反映了他的（阶级）利益、意识形态和价值判断。”索洛的这番话表明，在包括西方经济学在内的西方社会科学中，阶级性、意识形态和价值判断是客观存在，是不以社会科学家的意志为转移的。还有一位诺贝尔经济学奖获得者科斯也指出，接受经济学的训练是很有益处的，但学习西方经济学也有不利的地方，因为西方经济学在很大程度上是研究私有制度的。正因为如此，我们在充分肯定诺贝尔经济学奖的理论贡献时，也要清醒地看到它的政治倾向和价值判断。

资料来源：周肇光. 诺贝尔经济学奖对中国政治经济学发展的影响［J］. 当代经济研究，2010（4）：24-28.

案例讨论

1. 如何看待西方经济学的政治倾向？

2. 阶级性如何影响经济研究？

3. 既然二者的政治倾向和价值判断不同，我们在坚持马克思主义政治经济学价值观的同时，应该怎样有批判性地学习西方经济学？

案例三　斯巴达克斯起义

“宁为自由而战死，决不为富人的娱乐而丧生！”这是2 000多年前奴隶起义领袖斯巴达克斯发出的英勇誓言。

公元前73年，在古罗马中部卡普亚城的一个角斗训练所里，发生了一次暴动。角斗奴们手拿菜刀、肉叉和各种尖刺的木棒，杀死了卫兵，冲出了戒备森严的训练所，向城南的维苏威火山奔去。组织这次暴动的，就是罗马史上极其著名的英雄——斯巴达克斯。

斯巴达克斯原是色雷斯人，在同罗马作战时被俘，被卖为奴，并且被送到卡普亚城一所训练角斗士的学校受训。角斗士的境遇十分悲惨，经常遭受拷打，而且他们被迫在角斗场上互相角斗、互相残杀，供灭绝人性的奴隶主哄笑取乐。他们对这种暗无天日的生活忍无可忍。公元前73年，有200多人密谋逃亡，由于密谋被泄露，结果只有78名奴隶及时拿了菜刀和铁叉等武器潜逃成功，来到维苏威火山。他们推出了3名领袖，斯巴达克斯是其中最重要的一位。

逃亡奴隶纷纷前来投奔，起义队伍迅速扩大。起义军在极盛时期，曾发展到12万人以上，屡败罗马军，其活动范围几乎遍及意大利南部。公元前72年，罗马执政官率军镇压起义军。此时，起义军内部发生分裂，以克里克苏斯为首的一支队伍单独行动，不久便被罗马军队消灭。斯巴达克斯率军北上，频频取胜。但是，他并未翻越阿尔卑斯山，而是率领12万义军再次南下，进抵意大利半岛南端，计划借助海盗船只渡到西西里，但其因受海盗欺骗未能成功。公元前71年，奉命镇压起义的克拉苏尾随斯巴达克斯南下，在意大利半岛最狭窄的部分——布鲁提乌姆挖掘了横过整个地峡的壕沟，对起义军加以围困。起义军突破封锁线，向东南海岸进发，受阻后，被迫折回迎战克拉苏。同年，在布林底西港附近的决战中，克拉苏得到从伊比利亚半岛归来的庞培的增援，起义军遭到惨败，6万名起义者战死，斯巴达克斯也壮烈牺牲。

起义军失败后，奴隶主把6 000名被俘的起义者钉死在从卡普亚到罗马沿途的十字架上。尽管如此，奴隶反抗奴隶主的阶级斗争从没有停止过，而是继续斗争，一直到罗马帝国灭亡。

案例讨论

1. 在不同社会形态的更迭中，生产力和生产关系矛盾运动的表现如何？
2. 生产力和生产关系的矛盾运动是怎样推动人类社会向前发展的？

案例四 马尔萨斯“人口论”与西尼尔“节欲论”

材料1

托马斯·罗伯特·马尔萨斯（Thomas Robert Malthus，1766—1834）出生在距伦敦不远的一个乡村里，他是一个有教养的地主的次子。因为英国家庭的财产一般由长子继承，他没有得到遗产，但是受到了良好的教育。

马尔萨斯在年轻时代有很长一段时间待在父亲身边，他俩经常就哲学和政治问题进行无休止的探讨和争论。为了寻找同父亲争论的依据，马尔萨斯从18世纪的几个作家那里找到了一种思想，即人类繁殖的速度超过生活资料增长的速度，人口每隔20~25年就要增加1倍，如果对人口增长不加以节制，就会造成粮食短缺。马尔萨斯觉得粮食生产必然不可能以那么快的速度增长，也就是说，自然力量不会让人类摆脱贫困。过多的繁殖是穷人在社会中处境悲惨的主要原因。目前还看不出摆脱这种困境的出路。任何革命都帮不了忙。

1789年，马尔萨斯匿名出版了一本题为《论影响于社会将来进步的人口原理》的书。书中的观点很尖锐、很武断，甚至有点蛮横。例如，马尔萨斯写道：“一个人生到业已满员的世界，如果他不能在父母那里得到完全有理由要求得到的衣食，如果社会不需要他的劳动，那么，他就没有权利得到什么食物；事实上，他是世界上多余的人。在生活的盛大筵席上没有他的座位。大自然命令他滚开，并且毫不迟疑地执行自己的判决。”

出身于英国绅士门第的马尔萨斯坚信自己的阶级和自己民族的优越性，任何对穷人、不幸者和残疾人的照顾，他们都嗤之以鼻。他们可以戴上白手套，身穿平整的燕尾服，沉着冷静、不动声色地出现在工人暴动的行列里，也会出现在处决印度兵的刑场上。英国统治阶级害怕法国革命对人民产生的影响，因此马尔萨斯的这本书，在他们看来，那是再合适不过了。结果，这本书竟这样大受欢迎，连马尔萨斯自己也深感惊奇。

19 世纪初，英国的工业资产阶级和土地贵族之间展开了激烈的斗争，工业资产阶级被不断增加资本积累的愿望所驱策，对土地贵族进行了猛烈的攻击。工业资产阶级认为，限制从国外输入谷物的立法意味着土地贵族能够取得高额地租，也意味着粮食价格的上涨从而引起工资提高；利润降低，导致资本积累减少；而土地贵族的地租收入大部分用于消费，只有少部分节约下来转化为资本。因此，这个社会的纯收入最好是不落入浪费的土地贵族阶级的手中，而是流入节俭的工业资产阶级的手里。站在土地贵族阶级立场的马尔萨斯极力地为地租辩解。他认为，地租是自然对人类的赐予，高额地租意味着国家富足，土地肥沃、农产品丰富；低额地租意味着相反的情况。针对当时工业资产阶级对废除谷物法的要求，马尔萨斯竭力为谷物法辩护。他认为，英国作为独立国家，应该使粮食自给自足，因此，他反对废除谷物法。

在英国当时的阶级矛盾中，马尔萨斯的经济理论是带着双重面具出现的。在无产阶级和资产阶级的对立中，他站在资产阶级一边；在资产阶级和土地贵族阶级争夺剩余价值分配额的争吵中，他转而支持土地贵族阶级。

材料 2

把资本主义利润说成是所谓的资本家的“节欲”，这一观点在很大程度上同英国经济学家西尼尔（Nassau William Senior，1790—1864）的学说联系在一起。西尼尔在 1836 年出版的《政治经济学大纲》一书里，阐述了自己颇为得意的一个新发现——节欲论。他提出了利润产生于资本家的节欲的理论：资本家本来可以把自己的资本用于消费，但是他放弃了，通过“节欲”，资本家的资本越来越多。

假定有两个资本家，他们各有 10 000 英镑货币资本。第一个资本家，把资本投入啤酒厂，他坐在办公室里监督劳动，年终结算时获利 1 000 英镑或资本的 10%的利润。第二个资本家同样有 10 000 英镑资本，但他不喜欢啤酒气味，也不爱在办公室里瞎忙，同时也不愿意把自己的钱用来造新房子和添置马车等。他向第一个资本家提出建议：“把我的 10 000 英镑合并到你的资本中，扩大你的工厂，每年付给我 5%的利润，即 500 英镑。”第一个资本家同意了。显然，别人的资本给他产生的利润额同他自己的资本相等，因为常言说得好，“资本是不管来路的”。他把一半的利润付给了资金拥有者。

“节欲论”的作者问道，第二个资本家能不能把自己的资本用于上述消费或其他享乐呢？可以。但是，他克制自己，宁愿等待一年，得到自己的资本挣得的利润，再等一年，又挣得了利润（而且，如果资本仍然完整无损，你愿意的话，照旧可以把它消耗掉）。一个人按其内在本性来说，如果眼前享受与未来享受两者择一，总是宁愿挑选未来享受。为了未来享受，资本家同意放弃眼前的享受，他做出了牺牲，因此，获得了取得报酬的权利。

第一个资本家呢？他同样可以卖掉自己的啤酒厂，把钱花掉。他没有这样做，因此，他也同样有因节欲而获得奖赏的权利。在获得好处方面，他跟他的同行不一样，他是“自己”酿酒。由于他付出了监督、管理和领导劳动，他应该得到自己的工资。这就是说，实际上，他从个人资本中得到的不是1 000英镑的利润，而是两种不同的收入。由于节欲而得的利息是500英镑，因此，管理工作所得的工资也是500英镑。

案例讨论

1. 你怎样看待马克思经济学是“工人阶级的《圣经》”（恩格斯语）？

2. 如何实现经济学的阶级性与科学性的统一？在国内外阶级关系大变动的背景下，当代中国经济学的发展应当如何体现劳动阶级的根本利益？

第一章　商品

引言：中国特色社会主义政治经济学是“中国版”的马克思主义政治经济学，它指导着中国的建设和发展。学好用好马克思主义政治经济学，具有全局和长远意义。2014年7月8日，习近平总书记在主持经济形势专家座谈会时强调：“各级党委和政府要学好用好政治经济学，自觉认识和更好遵循经济发展规律，不断提高推进改革开放、领导经济社会发展、提高经济社会发展质量和效益的能力和水平。”政治经济学是马克思主义的重要组成部分。列宁指出：“马克思的经济学说就是马克思理论最深刻、最全面、详细的证明和运用。”从马克思主义政治经济学中，我们党寻找到了中国特色社会主义的基本理论、基本纲领和基本政策的依据，进而形成了中国特色社会主义政治经济学。2012年6月19日，习近平总书记视察中国人民大学《资本论》教学中心时指出：“马克思主义中国化形成了毛泽东思想和中国特色社会主义理论体系两大理论成果，追本溯源，这两大理论成果都是在马克思主义经典理论指导之下取得的。《资本论》作为最重要的马克思主义经典著作之一，经受了时间和实践的检验，始终闪耀着真理的光芒。加强《资本论》的教学与研究具有重要意义，要学以致用，切实发挥理论的现实指导作用，进一步深化、丰富和发展中国特色社会主义理论体系。”① 本章整理了关于商品和货币的相关案例供同学们学习与分析。

案例一　彩电价格为什么会下降

1988年，浙江省某地市场某品牌18英寸②彩色电视机的价格为3 990元，而且仍有上涨的趋势。如今，在该市场该规格的电视机已不复存在，人

① 习近平与中国特色社会主义政治经济学［EB/OL］.（2015-12-23）［2021-03-03］. http://www.chinanews.com/ll/2015/12-23/7684987.shtml.

② 1英寸≈2.54厘米。

们无法了解该规格彩电现时的价格，但同品牌21英寸的彩电价格只有800元左右，也就是说，假如该品牌18英寸的彩电还继续在市场销售的话，它的价格肯定低于800元了。

案例讨论

1. 彩电价格下降的原因有哪些？未来的变化趋势又如何？
2. 彩电价格的变化对企业有何影响？企业应如何应对？

案例二　虚拟商品与信用支付

材料1　提供气象信息商品的劳动创造价值吗

2002年7月4日夜，2002年第5号热带风暴“威马逊”肆虐东海，近中心最大风力达到12级（50米/秒）以上，东海海面巨浪汹涌。

在“威马逊”到来之前6天，坐落在北纬29度、东经125度的东海海面的平湖油气田收到了上海市中心气象台传来的“警报”：“未来5~6天，台风‘威马逊’将影响你平台，建议做好撤出的准备。”平台上的所有工作人员在直升机的协助下迅速撤离，躲过了一场灾难。

“台风对平台的影响本身不大，但作业人员在面对台风时的心理压力极大，如果不及时撤离，有可能发生一些极端事件。”上海市中心气象台副台长杨礼敏说。

平湖油气田是上海市中心气象台的长期企业客户之一。气象台每隔3~6小时左右向该平台提供海上、空中和陆地的全方位气象信息，以图文传送，还提供气象专业网站。上海市中心气象台现已拥有120家左右的长期客户和100多家零散农户。“根据企业各自的需求，我们为其量身定制气象信息，并在物价局制定的标准基础上协商信息使用费用，所以，每家的费用都不同。最高的信息使用费达到每年20万元，而最低的也就几百块钱。”杨礼敏说，“但我们也要承担很大风险和压力：预报毕竟是有误差的，像这次的台风，企业撤离和重返平台的成本都是上千万元，所以，如果我们的信息不准，会（给企业）造成很大的损失。”据杨礼敏介绍，上海市中心气象台向企业提供专业有偿气象服务的历史可以追溯到1984年，上海市中心气象台为英国石油（BP）公司在南黄海的石油钻探作“气象护航”。现在，气象台的客户除了海上作业、码头、航运等一贯靠天吃饭的企业外，还有了一些新的变化。

材料 2　电子货币——中外银行卡的产生及其作用

信用卡作为电子货币的主要形式，在 20 世纪初起源于美国。它最早是由商家发行的。商家们为了推销商品的需要，刺激购买，有选择地向一些讲信誉的客户发放了一种信用筹码，客户可以凭借这种筹码，先赊购商品，然后再用现金或是银行存款转账等形式来支付款项。后来这种筹码被演变成了小小的塑料卡片，这也就是现代信用卡的雏形。由此看来，信用卡不过是一种赊购商品的许可证，最后完成交易，还是需要支付现金或是银行存款转账等实质的付款形式。

1950 年，美国商人弗兰・麦克纳马拉与他的好友施奈德合作投资 1 万美元，在纽约创立了“大莱俱乐部”，这家俱乐部后来成为著名的大莱信用卡公司。俱乐部向会员们发放了一种能够证明身份的特殊卡片，会员可以凭卡片记账，一定时期后再统一结账。这时的信用卡就已广受社会关注。1952 年，美国加州的富兰克林国民银行进入发行行列，率先发行了银行信用卡。随后，许多银行都随之而来，信用卡迅速在美国乃至在世界流行开来。1985 年，中国银行珠江分行发行了第一张“中行卡”，开创了中国信用卡发行的先河。

商家实际上收到钱，并不是从信用卡里收到的，而是从银行收到的。这就告诉我们，你使用信用卡消费，在最后结算之前，你其实没有真正地花钱，却真正地享受了商品。你完全可以享受而最后不付钱。那么，银行为什么会发卡给你呢？这就是你的信用了。信用卡的最根本之处，也就在这里。银行根据你的信用向你发卡，信用越好，你就能够得到级别越高的信用卡，如所谓的“金卡”等，你可以在付钱之前，消费很大数额的钱。如果你有一次赖账不付，以后你就会有不良记录，就再也别想得到信用卡了。在现代经济社会中，银行尤其是大银行的信誉通常是很高的。它所发行的信用卡是让商家们放心来“刷”的，因为银行不会赖账。这样，你持有那种信誉很好的大银行发行的信用卡，就可以走遍天下。

案例讨论

请结合商品经济的基本原理并根据上述材料，分析思考下列问题：

1. 你如何理解创造价值的“劳动”？

2. 在现代市场经济条件下，劳动的内涵与外延发生了什么变化？

3. 在信用卡出现以后，货币的形式发生了很大变化。你认为未来纸币会消失吗？

案例三 通货膨胀以及通货紧缩

材料1：1997年10月份，全国零售物价指数首次出现负增长（-0.4%），以后6个月继续保持这一趋势。从1997年下半年开始到1999年7月，我国物价已经连续22个月下降，物价不振，商品积压严重，而且到2001年初这种现象还没完全消失，这在中华人民共和国成立以来的历史中是没有出现过的。按经济学的解释，这是典型的通货紧缩。

材料2：1988—1989年，我国通货膨胀从1987年的7%上涨到18%。1991年我国通货膨胀率再次攀升，从2%跃升到20%以上。物价上涨了，钱不值钱了。标准粉原来每千克0.36元，现在涨到2.00元；好大米每千克从0.46元涨到3.40元；瘦猪肉在1994年年初还是9.00元/千克，到年终变成了15.00元/千克；一双皮鞋从10多元、数十元涨到了数百元，所有的物价都成倍地上涨了。

案例讨论

1. 通货紧缩及其特征是什么？
2. 根据政治经济学原理，你认为应该如何治理通货紧缩？
3. 什么是通货膨胀？
4. 通货膨胀对社会经济发展会产生什么影响？
5. 根据政治经济学原理，你认为应该如何抑制通货膨胀？

案例四 电子货币时代来临

1985年，中国银行珠江分行发行了第一张“中行卡”，开创了中国信用卡发行的先河。由于受我国商业信用发展的限制，同时受社会信用体系还不健全的影响，除了几家银行发行的国际卡之外，在国内使用的、完全为赊账性质的信用卡直到20世纪90年代末才开始发行，大量的信用卡是不具有“信用特色的”。我国最先发行的信用卡被称为“借记卡”，随后发行的有“准贷记卡”，现在我们有了真正能够赊账用，而且是以人民币记账，在国内使用的信用卡，它被称为“贷记卡”。

被媒介称为革命性未来支付手段宠儿的电子货币经过了若干年的发展，如今其产品可谓五花八门，在市场上的使用范围也日益广泛。

关于电子产品种类，比较常见的有两种划分方法：

（1）从与付款人的关系来看，电子货币可归纳为两类：身份可识别电子货币——含有银行提款人身份的信息，这一功能确保银行追踪货币易手的能力；匿名电子货币（电子现金）——在提取之后可立即用于支付或转让，电子现金的易手与实物现金的易手一样，无法进行追踪。

（2）从携带方式上来看，电子货币可分为卡类和网络类。

卡类电子货币，即以特种塑料板形式存在的，具有真实购买力的多用途预付卡。它以实物作载体，又称“硬件类”，是计算机芯片与付款卡的结合，故称“芯片卡”或“智能卡”。它的支付须经过读卡器才能实现。就目前的技术看，这种读卡器可分为接触型和非接触型。接触型读卡器，顾名思义是在读卡时与智能卡接触，从而识别用卡人身份和卡内记载的持卡人的特有信息，例如消费习惯、购物习惯等。无接触型读卡器与接触型读卡器唯一不同的是数据在卡与读卡器之间的传输技术。目前，无接触型读卡器运用的多是无线电频率识别技术。

智能卡最早的专利于 1974 年出现在法国。第一张智能卡 1984 年在法国首次出现。智能卡技术之所以在欧洲较快应用起来，主要原因在于欧洲的通信成本较高，致使在线授权支付较为昂贵。此外，智能卡比磁条卡储存信息的容量大，而且智能卡的制作成本目前仍比磁条卡高。其中，接触型读卡器要高出 1 倍，非接触型读卡器则要高出 5 倍；智能卡的读卡系统设置成本也远远高于磁条读码系统。此外，这两种系统不兼容也令现有接受磁条卡的销售商为难。目前的销售商们采取的折中方式是双系统卡，即磁条与芯片兼用的卡。花旗银行智能卡就具备这种双重功能。然而，这一技术的折中方案尚未带来规模经济，因而各发卡机构都试图在降低成本方面实现突破。

卡类电子货币是最常见的电子货币，主要包括各种银行发行的银行卡。银行卡按其是否具有信用额度可分借记卡和信用卡。信用卡按其是否需要交存备付金又分为贷记卡和准贷记卡。贷记卡是由发卡银行提供一个信贷限额，持卡人使用时无须先存款，可以“先消费、后还款”的一种信用卡。贷记卡按持卡人信用状况的不同，可分为金卡和普通卡；按发卡对象不同，可分为单位卡和个人卡，个人卡又分主卡和附属卡；按结算币种的不同，分为人民币贷记卡、单一外汇贷记卡（美元、港币）、双币种贷记卡；按卡片正面所带国际组织标识的不同，分为维萨（VISA）卡和万事达卡（MasterCard）。

贷记卡最大的特点就是一个“贷”字。它又不同于在银行的贷款。如今做生意、买房子、买车、上学都可以向银行贷款，但那都是有一定期限的、一次性的，即使可以提前还或再次贷，但每次的手续都相当烦琐。如果办上一张贷记卡，就可以不用存钱，先花了再说，只要在银行规定的时间内还款就不用支付利息。贷记卡在有效期内可以无限次地使用。

网络类电子货币使用特定软件，允许货币价值通过诸如互联网（Internet）等电子通信网络发生转移。两者的不同在于技术安全特征与存储媒介的差异。网络类电子货币是基于网络技术中的象征货币。因为其支付过程无须卡之类的媒介，而是通过存入个人电脑的特定软件、通过公开网络实现，故又称“软件类”。

软件/网络电子货币的出现与电子商务有着直接的关系。在电子商务兴起时，信用卡是以其普遍适用性和网络的广泛接受程度而成为网上电子支付的近水楼台。然而，网上支付的安全性一直成为网上购物发展的障碍。互联网浏览器通用的保密夹层（SSL）可以隐去文件的可读性，从而 SSL 强化的服务器可以用数字身份认证和授权，实现网上信用卡付款。然而，这一手段仍无法验证提供信用卡号码的付款方就是合法持卡人。

现在，由维萨（VISA）发起、万事达（MasterCard）参与的安全电子交易付款系统（SET）向交易双方分别授予数字证书。该证书分别保留在各自电脑的“钱夹”里。有关信用卡的详细信息只能由发卡行解密。SET 的优点是：在电子交易中引入了动态中介手段。然而，加密、解密过程需要进行大量数据处理且耗时；交易需要买方、卖方、银行、信用卡公司几方参与；数字证书在客户方无法联机共享，限制客户的电子商务活动。适于公开网络如互联网的“公共密匙基”（PKI）使网络货币成为可能。它改进了密匙和数字证件的管理和分配。PKI 既可以发挥其独立功能在公司计算机系统内使用，又可以发挥其再分配的功能与外部合作方共享。

卡式电子货币与网络电子货币也有相通之处。即卡式电子货币不仅可用于面对面交易，而且可以通过电子通信网络进行划拨。

目前，电子货币的使用情况尚无全面统计。欧洲央行从 1996 年开始通报硬件电子货币的流通。一年以后，软件电子货币也被纳入统计之列。硬件电子货币的使用规模在 1996—2003 年的 7 年半里增长了 140 倍，至 2003 年 6 月达 2.8 亿欧元。然而，与其他非现金货币相比，硬件电子货币只占非现金支付量的 0.2%，尚处于小规模发展阶段。其中，在比利时和卢森堡较为盛行。软件电子货币的使用，在规模上更是微不足道。但人们正逐渐认识到生活质量可以通过减少等待取款付款、寻找购物停车位、凑零钱付停车费等得以提高。

案例讨论

1. 什么是电子货币？电子货币是怎样产生和发展的？
2. 目前电子货币主要有哪些种类？
3. 电子货币的功能和特点是什么？

第二章 货币

引言：习近平总书记对哲学社会科学工作作出的重要论述、提出的明确要求，为把握正确思路、繁荣发展哲学社会科学提供了科学指南，也为学好用好中国特色社会主义政治经济学提供了重要遵循。中国特色社会主义政治经济学是适应当代中国国情和时代特征的政治经济学，既坚持马克思主义政治经济学基本原理，又赋予其丰富的实践特色、理论特色、民族特色、时代特色，不仅有力指导了我国经济发展实践，而且开拓了马克思主义政治经济学新境界。党的十八大以来，以习近平同志为核心的党中央立足深刻变化的世情、国情，集中全党和全国人民的智慧，形成一系列治国理政新理念新思想新战略。习近平总书记围绕改革发展稳定等各方面发表的一系列重要讲话，进一步丰富和发展了党的科学理论，丰富和发展了中国特色社会主义政治经济学。学好用好这些理论成果，紧密结合思想实际和工作实际，常学常用、活学活用，有利于我们掌握科学的经济分析方法，认识经济运动过程，把握经济社会发展规律，提高驾驭社会主义市场经济能力，是广大党员和干部必须完成的“规定动作”，是应对各种复杂经济形势的有力“武器”。尤其是今天，面对我国经济进入新常态、国际发展环境深刻变化的新形势，如何贯彻落实新发展理念、加快转变经济发展方式、提高发展质量和效益，如何更好保障和改善民生、促进社会公平正义；面对改革进入攻坚期和深水区、各种深层次矛盾和问题不断呈现、各类风险和挑战不断增多的新形势，如何提高改革决策水平、推进国家治理体系和治理能力现代化，都迫切需要中国特色社会主义政治经济学更好发挥作用。学好用好中国特色社会主义政治经济学，必须坚持中国特色社会主义政治经济学的重大原则，坚持解放和发展社会生产力，坚持社会主义市场经济改革方向，使市场在资源配置中起决定性作用；必须坚持和完善社会主义基本经济制度，毫不动摇巩固和发展公有制经济，毫不动摇鼓励、支持、引导非公有制经济发展；必须坚持以人民为中心的发展思想，把增进人民福祉、促进人的全面发展、朝着共同富裕方向稳步前进作为经济发展的出发点和落脚点；必须坚持新的发展理念，创新、协调、绿色、开放、共享的发展理念是对我们在推动经济发展中获得的感性认识的升华，是对我们推动经济发展实践的理论总结，要坚持用新的发展理念来引领和推动我国经济发展，不断破解经济发展难题，开创经济发展新局面。①

案例一　央行数字货币来了吗

随着数字人民币的试点消息日益密集，外界对于央行数字货币（Central Bank Digital Currency，CBDC）的关注与好奇也日渐增多。究竟什么是央行数字货币？为什么要有，有什么用？会给我们的生产生活带来什么根本性的改变吗？

1. 什么是央行数字货币

如果要以一种简单的定义来阐释 CBDC，它其实就是一种主权货币的数字化表示。虽然芬兰央行早在 1993 年就发行过预付储值卡，使用者将电子货币存储至卡上，可以用于电话亭、自动贩卖机、商店等场景，但效果并不好，最终不敌银行卡和信用卡，以失败收场。

这个央行卡折戟的例子其实也是一个很好的警示。虽然央行是权威金融监管部门，掌握着一国货币的发行大权，但并不意味着其能操控一切。事实上，对于支付这样具有明显网络效应的基础设施，并不是只靠央行权威或行政手段就可以推广开来的，如果没有足够好的使用便利性和互联互通性，央行数字货币未必能够和私营企业甚至商业银行主导的支付手段竞争。

以比特币为代表的私人数字货币起源于 2009 年，这一波 CBDC 的研究则普遍开始于 2014 年以后，很难说其没有受到前者的启发和触动。从类型上看，CBDC 分为“零售型”和“批发型”。顾名思义，零售型主要面向普通公众发行和流通，批发型则限于中央银行和金融机构之间使用。

根据国际清算银行 2020 年 8 月 24 日发布的报告，截至 2020 年 7 月中旬，全球至少有 36 家中央银行发布了零售型或批发型的央行数字货币工作。至少有厄瓜多尔、乌克兰和乌拉圭三个国家完成了零售型试点，六个零售试点正在进行中，包括巴哈马、柬埔寨、中国、东加勒比货币联盟、韩国和瑞

① 经济日报评论员. 学好用好中国特色社会主义政治经济学——四论学习习近平总书记在哲学社会科学工作座谈会上重要讲话精神［N］. 经济日报，2016-05-22（01）.

典。有 18 个中央银行发表了关于零售型央行数字货币的研究，另有 13 家银行宣布正在进行批发型数字货币的研发工作。

先说零售型。与我们日常适用的电子支付手段相比，零售型 CBDC 最大的不同在于脱离了原有的银行账户体系。换言之，无论是存折、银行卡、微信、支付宝，都是我们开立在银行的账户或账户的映射，央行数字货币则跳过了这一体系，允许个人用户直接在央行开立账户。与这一本质最为接近的其实是现金。观察我们手中的人民币现钞就会发现，现钞上只会注明“中国人民银行”，不会出现其他银行的名称，在使用现钞购买物品时我们也不需要依赖任何银行的账户体系，只要钞票验真，即可钱货两讫。

但这也是央行发行数字货币最大的担忧之一，即“存款搬家”问题：由于央行背书的央行数字货币信用等级高于商业银行，会对商业银行存款产生挤出效应，进而影响商业银行的贷款投放能力。此外，商业银行吸纳存款能力降低会增加其对同业市场的依赖，抬高资金价格，增加社会融资成本，损害实体经济，引发“金融脱媒”。

既然有担忧，那么发行 CBDC 究竟有什么好处，能够让各国中央银行潜心研究这么多年呢？总结下来主要是以下几点：一是增强支付系统的竞争力、效率和弹性，以应对支付体系日益集中在少数互联网巨头手中的情况；二是提高货币政策的有效性，可以实施更有针对性的政策，甚至是一些超常规政策，如负利率，也可以利用更详细的支付流数据来增强宏观经济预测；三是有助于减少私人发行的货币的应用，如比特币等，尤其是 2019 年 6 月脸书（Facebook）主导发布的 Libra 白皮书，更是引起了各国央行的警觉；四是提升跨境支付的便利性，同时对抗美元化；五是普惠金融，尤其是对于传统金融账户无法触及的人群，以及有助于将财政激励传导至银行服务不到的人群。

但是，必须诚实地说，这些好处还没有好到需要央行大动干戈的地步。这也部分解释了为什么数年来央行虽然持续进行研究，却并没有急于推出数字货币的原因。

再说批发型央行数字货币。由于不面向公众，这一类型的央行数字货币影响会小得多，其主要目的是提高对公业务尤其是跨境业务的效率，代表项目包括加拿大央行的 Jasper、新加坡的 Ubin、英国央行 Stella 等。

以 Ubin 为例，该项目由新加坡金管局主导，已经于 2020 年完成了第五阶段也是最后一阶段的测试。这个从 2016 年开始的项目，阶段一与区块链联盟 R3 等合作，完成了银行间支付的概念验证，阶段二开发了引入流动性节约机制的三种去中心化银行间清算模式，阶段三与新加坡交易所合作，以交易即结算的方式测试了代币化资产在不同区块链平台之间的交割。阶段四与加拿大央行、英国央行合作，完成了一次基于分布式账本技术、使用央行数字货币进行跨境和跨货币支付的实验。阶段五与 JP 摩根和淡马锡合作，为其他区块链网络提供无缝连接和集成接口，以及试图确定基于区块链的支付网络的商业可行性和价值，并与 JP 摩根一起搭建基于区块链的多种货币支付网络。根据其第五阶段的报告，随着这一项目实验结束，未来将会逐步进入商业化阶段。

中国人民银行其实也做过批发型的实验。2017 年，由中国人民银行推动的数字票据平台、数字货币系统模拟运行环境的上线部署完成，并与包括中国工商银行在内的数家试点银行进行了网络试联通。不过，此后中国版央行数字货币的研发对外表态还是更聚焦于零售型和替代 M_0，并未在批发型央行数字货币方面有过更进一步的公开探索。

2. 数字人民币的前世今生

根据央行数字货币研究所前任所长姚前撰写的回忆文章，促使中国人民银行研究法定数字货币的直接动因并非比特币，而是由一家位于瑞士的传统印钞公司吉奥星（Giori）倡导的焦里币。姚前在文中回忆，Giori 公司提出建立一个基于现有纸币系统模式的电子网络，从而推出由中央银行设立和发行的法定数字货币 GDM，并向包括中国人民银行在内的多家中央银行宣传推广。

综合公开信息，从 2014 年即开始研究的数字人民币正在雄安、苏州、成都、深圳和北京冬奥会场景封闭测试，虽然各种小道消息不断，短期内我们应当还是不会看到数字人民币大面积铺开的可能性。在现阶段，强调替代 M_0、不付息，也不会对信贷端产生冲击。

为了避免金融脱媒问题，数字人民币采用双层运营体系，也就是虽然离开了原有的银行账户体系，但还是将开立数字钱包的特权交给了四大国有银行和阿里、腾讯两家商业机构。因此，一些市场观点认为数字人民币的推广将带来银行 IT 和支付系统的革命，短期来看也很难，毕竟四大国有银行和两家商业机构以外的银行或商业机构可能更多的是承担引流功能，未必需要在系统上的大动干戈。

数字人民币的推出，除了节省传统的印钞成本，一个可见的变化可能还是对于用户数据隐私的控制主体会发生变化。根据设计，数字人民币将采取“前台自愿，后台实名”，只对央行这一第三方披露交易数据的可控匿名功能，这意味着央行事实上可以追踪这笔钱款的流向，经手的第三方支付机构反而很难拿到相关信息。

在某些特定的场景，如扶贫、赈灾、拆迁款，数字人民币也许可以发挥追踪效果。而对于其他零售场景，如日常商品的购买、搭乘交通工具等，数字人民币在使用体验上应当很难超越目前已有的移动支付手段，更多的是“拿着锤子找钉子”，在推广使用上可能会遇到阻力，或者至少很难像当年的支付宝或微信二维码一样产生颠覆性效应，一如多年前芬兰央行的尝试遇阻。笔者认为我们对此不必抱有太大的期望。

而针对外界热切盼望的以数字人民币助推人民币国际化，对抗美元化，笔者认为还为时尚早。一方面，人民币国际化在很大程度上不是指零售，还包括大宗商品以什么货币来计价等；另一方面，中国并不具备一个像Facebook 这样能够覆盖全球 20 多亿人的触角，技术或许可以进一步减少人民币在跨境流通中的交易摩擦，但并不能天然地保证它可以为国际用户和商家所接受。它的国际化之旅可能和支付宝与微信支付一样，更多是服务于中国人的出境旅游和电商，而不能真正成为一种被普遍接受的国际货币。

未来，全球央行数字货币会呈现一种怎样的格局，是一件非常难以预判的事情。央行的试水探索能在多大程度上变革原有的支付体系尤其是跨境支付体系，各国央行能在多大程度上展开合作或是对抗，私营部门发行的数字货币与央行发行的数字货币谁会更受欢迎，或者说公众有可能不愿意接受任何一种支付方式，原有的跨境支付体系如环球银行金融电信协会系统（SWIFT）能否自我革新，防止被后来者赶超，都是悬而未决的问题。毕竟，货币背后是主权与国家实力的博弈，技术只能锦上添花，并不能雪中送炭。

资料来源：中国普惠金融研究院. 央行数字货币时代要来临了吗？[EB/OL].（2020-09-16）[2020-12-21]. https://baijiahao.baidu.com/s?id=1677991747534934934&wfr=spider&for=pc.

案例讨论

1. 怎样将马克思对传统货币的理论分析方法借鉴到分析数字货币的问题中呢？

2. 数字货币的形态对政治经济学理论提出了哪些挑战？

3. 央行的数字货币发展有哪些可能性？

案例二　区块链和数字货币的关系

数字货币即虚拟货币，最早的数字货币诞生于2009年。其发明者中本聪为了应对经济危机对实体货币经济的冲击，发明了数字货币。比特币是最早的数字货币，后来出现了以太币、火币以及莱特币等虚拟货币，这些虚拟货币是不能用来交易的，那么，区块链与数字货币之间存在什么关系呢？

可以说，数字货币与区块链是有机结合在一起的，是紧密相连的关系，区块链是数字货币的最底层技术也是最重要的技术手段。区块链最成功的实践是在货币领域的创新，作为数字货币的技术之一，数字货币的使用技术还包括移动支付、可信可控云计算、密码算法等，而比特币的风靡让人们知道了区块链的技术框架及广阔的应用前景。

区块链其实就是一种新兴的数字记账簿，这种账簿拥有强大的功能，相当于一种云存储功能，每完成一定时段的交易后，就把该时段内的所有交易记录下来，且在所有的节点上都进行完整拷贝，这就是一个“区块”。因此，信息几乎没有被篡改的可能，除非有办法入侵几乎所有节点。一个个区块首尾相连，就构成了区块链。数字货币最大的特点是它可编程，它本身是一段计算机程序，是一段代码。因为可以编程，它就是智能化的货币，因为智能化，所以结算确认，清算交易就同时完成了。一切就从可编程货币变成了可编程的金融，从可编程的金融就进化到了可编程的经济。

综上所述，数字货币就是一种加密货币的形式所在，正是因为这种数字货币是以加密的形式存在的，所以，数字货币是需要区块链技术来支持的，区块链技术也是世界上最先进的一种技术，世界很多知名的企业正在研究这项技术，这项技术的发展前景是不可限量的。

数字货币的发行有以下五个特点：

第一，属于私人货币。比如Q币，它只能用法定货币换成Q币，Q币不能倒换成法币。Q币只能在腾讯的生态圈里使用，不能超出腾讯公司的运营范围之外，不能用Q币去商场买东西，它属于私人货币的一类。

第二，去中介化发行。数字货币在发行和流通环节中，取消了货币创造的环节。央行发行基础货币，银行和其他金融机构进行货币创造，把一个基础货币变成三个或者五个货币乘数的效应。

第三，基于区块链的发行，没有伪钞、残钞。

第四，交易无摩擦，效率高，成本几乎为零。它必须用这种货币才能配合上数字经济的零边际成本、零交易成本的商业模式。如果货币流通用的是其他方式，有中介、有货币创造的过程，就必然会有摩擦，会有成本，它不足以支持零边际成本、零交易成本的数字经济的模式。

第五，智能化、自动化、适合数字化的场景。分布式账本、密码学账户体系和数字货币带来的就是这样一个新的世界！

资料来源：三点钟区块学院. 区块链与数字货币的关系［EB/OL］.（2018-05-13）［2020-12-21］. https://www.sohu.com/a/230293244_100129988.

案例讨论

1. 数字技术对货币理论的影响有哪些特点？请以区块链为例进行说明。
2. 数字货币能否缓解经济危机？

第三章　市场经济与价值规律

引言：新形势需要新担当、呼唤新作为。要想建立社会主义市场经济制度，就必然要建立一个统一、开放、竞争、有序的市场体系。市场机制作用的充分发挥，必须以统一开放、竞争有序的市场体系为前提。在 2020 年 5 月召开的全国“两会”上，习近平总书记强调：“让市场在资源配置中起决定性作用，同时要更好发挥政府作用。经过改革实践，我们认识到，决不能不克服市场的盲目性，也不能回到计划经济的老路上去。要努力将市场的作用和政府的作用结合得更好一些，这是一个止于至善的过程。”事实上，早在 2013 年 9 月，习近平总书记在出席二十国集团领导人第八次峰会时发表讲话时就强调：“中国将加强市场体系建设，推进宏观调控、财税、金融、投资、行政管理等领域体制改革，更加充分地发挥市场在资源配置中的基础性作用。”鉴于此，我们需要不断地进行改革，以满足发展和完善社会主义市场经济制度的需要。在 2013 年 7 月，习近平总书记在湖北省武汉市主持召开部分省市负责人座谈会时强调：“必须以更大的政治勇气和智慧，不失时机深化重要领域改革，攻克体制机制上的顽瘴痼疾，突破利益固化的藩篱，进一步解放和发展社会生产力，进一步激发和凝聚社会创造力。”用好改革这关键一招为我们不断取得巨大成就奠定了基础，也为社会主义市场经济制度的完善创造了条件。本章作为政治经济学课程思政案例的第三章，将结合习近平同志的论述选择若干案例进行分析和探讨。

案例一　如何理解将社会主义市场经济制度上升为社会主义基本经济制度

党的十九届四中全会将公有制为主体、多种所有制经济共同发展，按劳分配为主体、多种分配方式并存，社会主义市场经济体制等作为社会主义基本经济制度，这是对社会主义基本经济制度内涵作出的重要发展和深化，是习近平新时代中国特色社会主义经济思想的重要创新和发展，是党和人民的伟大创造，标志着我国社会主义基本经济制度更加成熟、更加定型。

党的十九届四中全会审议通过的《中共中央关于坚持和完善中国特色社会主义制度、推进国家治理体系和治理能力现代化若干重大问题的决定》指出："公有制为主体、多种所有制经济共同发展，按劳分配为主体、多种分配方式并存，社会主义市场经济体制等社会主义基本经济制度，既体现了社会主义制度优越性，又同我国社会主义初级阶段社会生产力发展水平相适应，是党和人民的伟大创造。"这一重要论断，是对社会主义基本经济制度作出的新概括，是对社会主义基本经济制度内涵作出的重要发展和深化，具有重大理论和实践意义。

1. 社会主义基本经济制度的发展

科学社会主义创始人根据人类社会发展规律，科学揭示了社会主义代替资本主义的历史趋势，阐明了未来社会经济制度的基本特征，包括：生产资料社会占有、有计划调节社会生产、按劳分配和按需分配、个人自由而全面发展等。同时，恩格斯指出："所谓'社会主义社会'不是一种一成不变的东西，而应当和任何其他社会制度一样，把它看成是经常变化和改革的社会。"中华人民共和国成立后，我们党将马克思主义基本原理同中国具体实际相结合，通过社会主义改造，建立了以公有制和按劳分配为基础的社会主义经济制度，为当代中国经济发展和社会进步奠定了经济制度基础。改革开放以来，我们党总结社会主义建设正反两方面经验，围绕坚持和完善社会主义基本经济制度进行不懈探索，逐步确立了公有制为主体、多种所有制经济共同发展的基本经济制度，按劳分配为主体、多种分配方式并存的基本分配制度，实现了从高度集中的计划经济体制到充满活力的社会主义市场经济体制的历史性转变，推动了生产力大解放、人民生活大改善、综合国力大提高。

基本经济制度是经济制度体系中具有长期性和稳定性的部分，处于基础性、决定性地位。党的十八大以来，以习近平同志为核心的党中央围绕新时代如何坚持和完善我国社会主义基本经济制度、推动经济高质量发展，在理论和实践的结合中深入探索，取得一系列新的重要理论和实践成果，形成了习近平新时代中国特色社会主义经济思想。在此基础上，着眼于新的实践和发展需要，党的十九届四中全会将公有制为主体、多种所有制经济共同发展，按劳分配为主体、多种分配方式并存，社会主义市场经济体制等作为社会主义基本经济制度。这是社会主义基本经济制度内涵的重要发展和深化，是习近平新时代中国特色社会主义经济思想的重要创新和发展。

早在社会主义制度建立之初，我们党就认识到，社会主义社会的基本矛盾仍然是生产力和生产关系、经济基础和上层建筑之间的矛盾。改革开放之初，我们党又提出，在坚持社会主义制度的前提下，改革生产关系和上层建筑中不适应生产力发展的一系列相互联系的环节和方面，促进社会生产力的发展，更好发挥社会主义制度优越性。党和人民在长期革命、建设、改革的伟大实践中，经过不懈探索和反复比较、选择、总结、检验，在新时代历史性成就和历史性变革的基础上，形成和确立了包括三项制度在内的社会主义基本经济制度，标志着我国社会主义基本经济制度更加成熟、更加定型，中国特色社会主义经济发展生机勃勃、前景光明。

2. 社会主义基本经济制度的科学内涵

社会主义基本经济制度，包括以下三项制度。

公有制为主体、多种所有制经济共同发展的所有制。生产资料所有制是生产关系的核心，决定着社会的基本性质和发展方向。公有制经济和非公有制经济都是社会主义市场经济的重要组成部分，都是我国经济社会发展的重要基础。要毫不动摇巩固和发展公有制经济，发展混合所有制经济，增强国有经济竞争力、创新力、控制力、影响力、抗风险能力，做强做优做大国有资本；完善中国特色现代企业制度；形成以管资本为主的国有资产监管体制；发展农村集体经济，完善农村基本经营制度。要毫不动摇鼓励、支持、引导非公有制经济发展，促进非公有制经济健康发展和非公有制经济人士健康成长；健全支持民营经济、外商投资企业发展的法治环境，完善构建亲清政商关系的政策体系。

按劳分配为主体、多种分配方式并存的分配制度。分配决定于生产，又反作用于生产。按劳分配是社会主义的基本分配原则，要求以劳动的数量和质量为依据分配个人收入，多劳多得。按生产要素分配是生产要素所有权在经济上的实现，要求劳动、资本、土地、知识、技术、管理、数据等生产要素由市场评价贡献、按贡献决定报酬。完善分配制度，还要健全以税收、社会保障、转移支付等为主要手段的再分配调节机制；重视发挥第三次分配作用，发展慈善等社会公益事业，促进效率和公平的有机统一。

社会主义市场经济体制。在社会主义条件下发展市场经济，是我们党的一个伟大创举，既体现了市场决定资源配置的一般规律和以等价交换为基础的市场制度的一般规定，又体现了社会主义经济的特殊规律与中国共产党领导和社会主义制度的特殊规定。完善社会主义市场经济体制的核心问题是处理好政府和市场关系，使市场在资源配置中起决定性作用，更好发挥政府作用。为此，要着力构建市场机制有效、微观主体有活力、宏观调控有度的经济体制，实现产权有效激励、要素自由流动、价格反应灵活、竞争公平有序、企业优胜劣汰，努力形成市场作用和政府作用有机统一、相互补充、相互协调、相互促进的格局。

这三项制度相互联系、相互支持、相互促进。马克思主义政治经济学基本原理告诉我们，生产、分配、交换等社会再生产诸环节是有机统一体，生产环节在其中起支配作用，这是人类社会的一般经济规律。在中国特色社会主义经济中，生产、分配、交换之间的辩证统一关系，集中体现为社会主义基本经济制度中所有制、分配制度和社会主义市场经济体制三者的辩证统一关系。它们作为一个有机整体，在中国特色社会主义生产关系中居于基础性地位，对我国经济改革、运行和发展具有决定性影响。

社会主义基本经济制度是中国特色社会主义制度的重要组成部分。中国特色社会主义制度的本质特征和总体要求，是坚持和完善社会主义基本经济制度的根本依据。必须坚持党对经济工作的集中统一领导，把党的领导落实到国家经济治理各领域各方面各环节。坚持人民主体地位，把增进人民福祉、促进人的全面发展、朝着共同富裕方向稳步前进作为经济发展的出发点和落脚点。

3. 社会主义基本经济制度的显著优势

我国社会主义基本经济制度具有显著优势，主要体现在：社会主义基本经济制度既有利于发挥公有制经济在保障人民共同利益、增进民生福祉、巩固完善社会主义制度以及在关系国家安全、国民经济命脉和国计民生的重要行业和关键领域的主体作用，又有利于发挥非公有制经济在稳定增长、促进创新、增加就业、改善民生等方面的重要作用，从而推动各种所有制取长补短、相互促进、共同发展，形成推动高质量发展的强大合力；既有利于调动广大劳动者的积极性、主动性、创造性，使全体人民共享改革发展成果，实现共同富裕，又有利于调动各经济主体的积极性，让一切劳动、知识、技术、管理和资本的活力竞相迸发，让一切创造社会财富的源泉充分涌流，实现各尽所能、各得其所，使各种资源都能得到充分有效利用；既有利于发挥市场在资源配置中的决定性作用，发挥市场机制信息灵敏、激励有效、调节灵活、平等开放的优势，增强经济发展的活力和效率，又有利于发挥党总揽全局、协调各方的领导核心作用，发挥政府在健全宏观调控、加强市场监管、优化公共服务、保障公平正义、保护生态环境、维护国家安全、促进共同富裕方面的主导作用。

归结起来，社会主义基本经济制度能够兼顾长远和当前、集体和个人、效率和公平、自由和秩序、自主和开放，使社会主义制度的优越性和市场经济的长处、集中力量办大事的优势和人民群众的首创精神都能得到很好发挥，可以有效避免资本主义市场经济中存在的两极分化、阶级对立、资本垄断、对外掠夺、危机频发等弊端，为生产力持续发展和社会全面进步开辟了前所未有的广阔道路。社会主义基本经济制度的巨大优越性，通过中华人民共和国成立 70 多年、改革开放 40 多年波澜壮阔、气象万千的伟大实践和世所罕见的发展奇迹，得到了充分证明和生动展现，极大增强了中国人民对中国特色社会主义制度的自信。

社会主义基本经济制度的显著优势，根本上来自其深刻的人民性。发展为了人民、发展依靠人民、发展成果由人民共享，这是我国社会主义经济能够永葆生机活力的不竭源泉。在新的历史条件下，我们要坚持和完善社会主义基本经济制度，进一步解放、发展生产力，更好满足人民日益增长的美好生活需要，让社会主义制度的优越性在更高程度和更大范围得以彰显，在新时代新征程上释放更加强健充沛的活力，创造让世人惊叹的新的伟大奇迹。

资料来源：张宇. 社会主义基本经济制度是党和人民的伟大创造［N］. 人民日报，2020-01-10（09）.

案例讨论

1. 社会主义基本经济制度的内涵是什么？
2. 为何将社会主义市场经济制度上升为基本经济制度？
3. 探讨未来三十年社会主义和市场经济如何结合得更加完善。

案例二　孙冶方：“千规律，万规律，价值规律第一条”

十四年前，在一次关于政治经济学理论问题的激烈辩论中，由于我强调了价值和价值规律在社会主义经济建设中的作用，我的一个批判者责问道：“那么，你认为国民经济综合平衡依据的是什么规律？”当时，我脱口而出：“千规律，万规律，价值规律第一条。”不料，他竟得意地嘲笑道：“恰恰相反，在国民经济综合平衡中，起作用的偏偏不是价值规律，而是使用价值规律！”后来，陈伯达等人就把我的这句话当作修正主义政治经济学的“罪证”来批判。我这句话虽然是在激动中脱口而出的，然而这是符合我多少年来长期坚持的思想的。因此，我至今不认为这句话有什么错误。

现在大家都在谈价值规律这个不以人们主观意志为转移的客观经济规律的重要性，所以，我觉得很有必要重新阐述一下，为什么在一切经济规律中，价值规律是最基础的或第一条规律。马克思在《政治经济学批判大纲（草稿）》中写道：“以集体生产为前提，时间规定当然照旧保有其本质的意义。社会为生产小麦、家畜等所需要的时间越少，它对于其他生产，不论是物质的生产或精神的生产所获得的时间便越多。和单一的个人一样，社会发展、社会享乐以及社会活动的全面性，都决定于时间节约。一切经济最后都归结为时间经济。正像单个的人必须正确地分配他的时间，才能按照适当的比例获得知识或满足他的活动上的种种要求；同样，社会也必须合乎目的地分配它的时间，才能达到一种符合其全部需要的生产。因此，时间经济以及有计划地分配劳动时间于不同的生产部门，仍然是以集体为基础的社会首要的经济规律。甚至可以说这是程度极高的规律。”

读者可以看到，马克思在这里接连讲了三个规律。既肯定了“时间规定”或“节约时间的规律”；又讲到了“农业是基础的规律”；最后几句说的是“有计划按比例规律”以及对这三条规律的总评价：时间的节约是最基本的规律，是程度极高的规律（也有人译作“水平极高”的规律），是其他两条规律的基础，而且是和其他两条规律紧密不可分离的。

时间节约的规律就是社会平均必要劳动量的规律，也就是价值规律。资本主义社会依靠这条规律，战胜了封建社会。但是，在资本主义社会里，这条规律是以自发势力的形式出现的。它通过市场竞争，迫使落后的、浪费活劳动和物化劳动的企业，归于淘汰；它鼓励先进的、节约活劳动和物化劳动的企业，取得胜利；先进的企业如果不继续进步，就又会被别的更先进的企业所淘汰。这样，价值规律，或节约时间的规律，就促进了资本主义社会生产力的不断发展。

在社会主义社会里，我们不应该让价值规律以这种自发势力的形式来起作用。我们应该从“必然王国”进入“自由王国”，通过自觉地不断改进经营管理、革新技术的方法，来节约时间，使我们的各行各业（包括非物质生产部门在内），能够以最小的劳动消耗取得最大的经济效果，使我们的社会主义社会能够不断飞速前进。这就是说，我们应该主动地、自觉地按照节约时间的规律，即价值规律办事。

由于不少经济学者不认为时间节约的规律就是价值规律，所以我们有必要从马克思的第一段话来做说明：

"在资本主义生产方式消灭以后，但社会生产依然存在的情况下，价值决定仍会在下述意义上起支配作用：劳动时间的调节和社会劳动在各类不同生产之间的分配，最后，与此有关的簿记（马克思这里所说簿记是包括统计在内的一切计算工作——引者注），将比以前任何时候都更重要。"（《马克思恩格斯全集》第25卷第963页。这段引文中的"价值决定"和前面引文中"时间规定"，其中"决定"和"规定"在原文是一个词。）

马克思的这段话很明确地指出，他所说的时间节约，也就是指，在共产主义社会的社会化生产中，仍然存在着并且起着作用的"价值决定"或"价值规律"。

恩格斯的下面这两段话也说明了这一点："在私有制消灭之后，……价值这个概念实际上就会愈来愈只用于解决生产的问题，而这也是它真正的活动范围"（《马克思恩格斯全集》第1卷第605页）。

"在决定生产问题时，……对效用和劳动花费的衡量，正是政治经济学的价值概念在共产主义社会中所能余留的全部东西，这一点我在一八四四年已经说过了（《德法年鉴》第95页）。但是，可以看到，这一见解的科学论证，只是由于马克思的《资本论》才成为可能。"（《马克思恩格斯选集》第3卷第348、349页）。

那么，当我的那个批判者得意地宣布"在国民经济综合平衡中起作用的偏偏不是价值规律，而是使用价值规律"的时候，他心目中的使用价值规律是指什么呢？（"使用价值规律"这个词倒的确是我的这个批判者的"创造"）。他指的就是：例如，某年要上到一亿吨钢，那么一方面，相应地，煤、电、生铁以及其他生产钢所需要的生产资料部门的产量指标就要上到多少；另一方面，使用钢铁做生产资料的生产部门的产量就可以上到多少，等等。总之，他所指的就是技术定额。我的批判者，曾经因为我强调经济核算、节约劳动，等等，说我的经济学是技术经济学，是生产力经济学。但是，我们可以看到，我的这位批判者所说的使用价值规律学，反倒是道道地地的技术经济学或技术定额学；而价值规律则是建立在产品或商品的两重性之上的，即建立在使用价值和劳动费用的关系之上的，所以是不排除使用价值的；而使用价值是可以没有价值的（如空气、阳光、雨水等）。

计划草案中的产品产量只是表明我们所希望达到的目标；而计划工作的主要任务是在于一方面如何根据我们所掌握的人力、物力，来确定这些产品的产量指标；另一方面在于用何种措施来达到这些目标，在于表明为了达到这些目标，需要在各部门之间如何最恰当地分配物化劳动和活劳动。

末了，我们必须记住：马克思的政治经济学只是对客观的经济过程作科学分析并指出这些过程中所客观存在的规律。在他的叙述方法中，从来不把客观经济过程中存在的诸种规律一条一条地、孤立地表述的，也不大给这些规律下定义，因此，也很少用“规律”这个词。虽然，他的著作是最明晰不过地分析并且描述了这些客观存在的规律的。上面手稿那段话中，直接讲到了“规律”，那真是极少的例外，而且他也不是给这规律下定义。规律不是分析研究的出发点，而是分析、研究的结果。

但是，如果要把现在经济学界议论最多的种种规律，都做一番现象罗列，那么，按劳分配规律，讲的就是产品价值中 C、V、M 这三个组成部分的相互关系，特别是 V 和 M 的相互关系，而产品价值本身就是恩格斯上面所说的费用和效用的关系——以费用（劳动量）做分子、以效用（使用价值）做分母。劳动量使用价值量把这百分数公式倒过来：使用价值量劳动量就是劳动生产率的公式，劳动生产率的增长也就是表现为不断使这公式中的分母（劳动量）缩小，让分子（使用价值量）增加。这在社会主义社会中，也就是斯大林所说的“社会主义社会的基本经济规律”：“用在高度技术基础上使社会主义生产不断增长和不断完善的办法，来保证最大限度地满足整个社会经常增长的物质和文化的需要。”这里需要补充说明的，就是：要使生产不断增长，就不仅需要不断改进技术，而且还需要不断改进上层建筑和生产关系。我们可以看到，如果一个一个规律分开来研究经济学，就会变成孤立地来考察问题的形而上学方法。

毛主席早在抗日战争胜利前夕就说过：“中国一切政党的政策及其实践，在中国人民中所表现的作用的好坏、大小，归根到底，看它对于中国人民的生产力的发展是否有帮助及其帮助之大小，看它是束缚生产力的，还是解放生产力的。”（《论联合政府》）毛主席在这里说的是：“归根到底”为的是“解放生产力”，而解放生产力就是要以最小的劳动费用，获得最大的效用。这也就是恩格斯所说的“政治经济学的价值概念在共产主义社会中所能余留的全部东西”。但是到现在，不少经济学者一谈到“价值规律”，在他们心目中还是资本主义商品市场上那一套：通过价格的涨落来调节供求关系，也是调节生产；所不同的仅仅在于：过去是靠市场的自发势力起作用，现在是靠我们主动地进行价格调整来起作用。然而，这只是在存在商品生产的情况下，在生产和消费、供应和需求不完全适应的情况下，调节个别商品的生产和销售而不得不采取的办法。这只能作为计划的补充。对整个社会主义生产来说，起决定作用的毕竟是“时间节约”意义上的那个价值规律。

资料来源：孙冶方. 千规律，万规律，价值规律第一条［N］. 光明日报，1978-10-28（4）.

案例讨论

1. 如何理解“千规律，万规律，价值规律第一条”？
2. 今天的价值规律形式、作用和孙冶方先生当年讲的有何区别与联系？
3. 新时代，如何利用价值规律建设社会主义市场经济？

第四章 资本主义经济制度及其演变

引言：在经济全球化时代，合作共赢是关键。牢牢把握合作机遇，把以贸易为主要驱动力的合作，打造为更全面、更强劲、更高端的多引擎合作。尊重彼此发展道路和社会制度，加强对话交流，增进相互理解和信任，把相互尊重、平等相待、求同存异、合作共赢理念贯穿始终，加强在国际事务中的合作，共同致力于推动制定公正、合理、有效的国际规则。求同存异是中华民族的传统生存智慧，正如孟子所言，“夫物之不齐，物之情也”。2015年3月，习近平总书记在博鳌亚洲论坛上发表主旨演讲时强调：“迈向命运共同体，必须坚持各国相互尊重、平等相待。各国体量有大小、国力有强弱、发展有先后，但都是国际社会平等的一员，都有平等参与地区和国际事务的权利。涉及大家的事情要由各国共同商量来办。作为大国，意味着对地区和世界和平与发展的更大责任，而不是对地区和国际事务的更大垄断。相互尊重、平等相待，首先要尊重各国自主选择的社会制度和发展道路，尊重彼此核心利益和重大关切，客观理性看待别国发展壮大和政策理念，努力求同存异、聚同化异。要共同维护亚洲来之不易的和平稳定局面和良好发展势头，反对干涉别国内政，反对为一己之私搞乱地区形势。”本章作为政治经济学课程思政案例的第四章，将结合习近平同志的论述选择若干案例进行分析和探讨。

案例一 微软垄断案

微软公司是20世纪90年代对美国新经济有重要贡献的成功企业，但微软仍遭遇了垄断案。对于新兴产业和对经济增长影响较大的企业，政府并不放松反垄断行为。1994年7月，美国政府与微软达成一项协议，即不再要求计算机制造商将其视窗操作系统作为必备原件安装。但在 1995 年 11 月因与对手网景公司划分浏览器市场遭到拒绝，微软便要求安装视窗操作系统必须同时安装其“探索者”浏览器。1997 年 10 月起，微软将浏览器与视窗操作系统捆绑出售。捆绑销售使微软市场份额大增，从原有的 3%~4%的市场份额上升至 50%以上的市场占有率。为此，美国反托拉斯部门与微软公司开始了漫长的诉讼之路。2000 年 6 月，地方法院法官判决微软公司分解为两个独立公司。政府拆分微软的行为在于保护市场竞争。微软不服，又提出上诉。最终微软虽未被拆分，但上诉法院确认微软的市场垄断事实，违反了美国的反托拉斯法。

案例讨论

1. 微软垄断案反映了垄断企业之间的激烈竞争。你认为垄断与竞争并存的原因是什么？

2. 通过微软垄断案，你从中可以深刻领悟哪些经济学原理？

案例二　美国的银行和工业垄断组织之间的资本参与和人事结合

第二次世界大战后，美国的银行和工业垄断组织之间的资本参与和人事结合非常显著。1949 年，美国 49 家大银行向全国 6 591 家公司派出 8 019 人兼任董事，在其中 5 270 家公司中持有 5%以上的股票。1967 年年底，洛克菲勒财团的金融中心大通曼哈顿银行，在 59 家大公司中拥有 5%以上的股份，它的领导成员兼任 79 家大公司的董事。这些大公司分布在化学，制药、钢铁、有色金属、机器制造、航空工业、陆上运输、航空公司、商业、保险业等部门。摩根财团的核心银行摩根保证信托公司的领导成员则兼任 233 家公司的董事，它在 270 家公司中拥有 5%以上的股份。而在摩根保证信托公司的董事会中，几乎全部由一些大公司、大银行的经理、董事长或董事兼任。

案例三 从自由竞争到垄断

1904 年，美国年产值在 100 万美元以上的最大企业有 1 900 家，占企业总数的 0.9%，它们的产值共达 56 亿美元，占美国企业总产值的 38%；而到 1939 年，年产值在 100 万美元以上的大企业占美国企业总数的比重增长为 5.2%，占美国企业总产值的比重则为 67.4%。第二次世界大战后，各主要资本主义国家的生产集中进一步加快，达到了空前的高度。如 1973 年，美国资产在 1 亿美元以上的大公司有 3 500 家，占公司总数不到 0.2%，它们的资产共计 25 650 亿美元，占美国公司总资产的 70.3%，美国三个最大汽车公司生产的汽车，则占美国汽车生产总数的 95%以上。

案例四 微软垄断始末

甲：列宁指出，自由竞争走向生产和资本高度集中发展到一定程度就自然而然地形成垄断。这是市场经济发展的趋势和必然的结果。通过自由竞争形成的垄断是一国生产力发展和市场经济发达的具体表现。既然如此，为什么西方发达国家先后都制定了各类反垄断法呢？

乙：垄断企业形成后，可以凭借垄断地位制定垄断价格，获取垄断利润。这在一定程度扼制了非垄断企业发展，减弱了垄断条件下的竞争。这不仅会损害消费者的利益，而且阻碍产业的发展和降低该产业在国际上的竞争力。因此，西方发达国家为了提高自身的综合国力和国际竞争力也制定反垄断法来促进市场竞争。美国政府早在 1890 年通过著名的《谢尔曼反托拉斯法案》（以下简称《谢尔曼法》）。这项法案规定对进行市场垄断的责任人判处最高 5 000 美元的罚款和最高 1 年的徒刑。当然，随着美国垄断公司规模的扩大，这一法案的处罚力度也不断加大。至 20 世纪 90 年代初不少案例的实际处罚情况已破除了最初规定的罚款和最高限额。

甲：20 世纪 90 年代美国进入新经济时代，新兴的高科技产业，特别是网际互联协议（IP）产业对促进美国经济稳定和增长有重要贡献。政府对新兴产业或对经济增长影响较大的产业是否会放松反垄断行为呢？

乙：情况恰恰相反，20 世纪 90 年代以来，美国对经济垄断的打击进一步升级，查处相关案件的数量也急剧增加。从1997年到2000年的4年中为反垄断而判罚总金额超过17亿美元。众所周知的微软垄断案就是一个典型。

甲：微软公司本身是美国新经济中迅速崛起的成功企业，比尔·盖茨因此成为世界首富，微软垄断案的起因何在呢？

乙：最初起因是微软公司与其对手网景公司关于浏览器的竞争。网景公司于1994年4月使全球用户都可以通过其“航行者”浏览器接入互联网。同年7月，美国政府与微软达成一项协议，微软同意不再要求计算机制造商将其视窗操作系统作为必备软件安装。这一协议获得美国地区法官杰克逊批准，10月，微软公司开发名为“探索者”的互联网浏览器。1995年5月，微软创造始人比尔·盖茨对该公司的互联网战略进行了调整。11月，微软推出“探索者”2.0版。微软公司在1995年与当时最大的浏览器提供商网景公司协商，希望划分浏览器市场。在遭到拒绝后，微软要求个人电脑制造商如要安装视窗95操作系统就必须同时在该系统上安装“探索者”浏览器。微软以后推出的视窗操作系统，直接内含“探索者”浏览器。

1997年10月，微软又将其浏览器与视窗95操作系统进行捆绑出售。由此美国司法部指控微软违反法官杰克逊于1995年批准的协议。同年12月4日，杰克逊法官发布指令，要求微软停止将“探索者”浏览器与视窗95操作系统或任何更新版本操作系统进行捆绑出售。微软不服并提出上诉。于是微软公司与美国反托拉斯部门开始了漫长的诉讼之路。其焦点集中在浏览器上。

甲：在司法部门看来，微软公司的哪些行为违反了托拉斯法？

乙：2000年4月3日，美国地方法院法官杰克逊宣布微软违反了美国的反垄断法，其主要认定以下方面：其一，微软公司利用其视窗操作系统垄断市场严重违反反托拉斯法。其二，企图垄断浏览器市场。1998年6月23日，上诉法院认为地方法院没有给微软辩护的机会从而裁决微软胜诉，驳回地方法院杰克逊法官临时处分命令。比尔·盖茨多次亲自到全国各地宣讲，强调视窗98操作系统是“集成”了，而不是“捆绑”了浏览器的功能，并认为从视窗98操作系统移出浏览器将严重影响主要功能，甚至进一步会有害于美国经济的发展。在微软采用“捆绑”销售以前，“航行者”浏览器一度有80%的市场份额。微软通过这一“捆绑”销售手段，大大地提高了市场份额，从原有的3%~4%的市场份额，上升至50%以上的市场占有率。可见，微软企图在浏览器这种应用软件领域滥用其操作系统的市场垄断优势来挤垮对手。其三，将浏览器与操作系统捆绑搭售，微软公司行为违反了

《谢尔曼法》第一条。在2000年6月7日，杰克逊法官对微软公司案作出最终判决，将其分解为两个独立的公司：一个经营电脑操作系统，另一个经营此外的应用软件，“探索者”浏览器等其他业务。在拆分微软的计划之外，政府还将在微软公司上诉期间对该公司行动采取严格的限制措施，以保护市场竞争。对此裁决，微软公司自然会不遗余力地上诉，以延缓公司被分拆的可能。

甲：微软公司在美国的信息产业声名显赫，对美国20世纪90年代新经济增长贡献不小。很难想象，其同样会被美国司法部门指控违反反垄断法而强令分解。微软公司最终是否被分拆?

乙：因微软不服提出上诉。上诉法院于2001年2月举行了两天口头辩论，从而又推翻了原判决。6月28日美国多伦比亚特区联邦上诉法院以7比0的表决结果驳回联邦地方法院法官杰克逊去年6月作出的将微软公司分割为两家公司的判决。但上诉法院仍认为，微软在个人电脑操作系统市场上确有垄断之实，违反了美国的《谢尔曼法》。上诉法院的判决终究消除了笼罩在微软上空的分割阴云。微软躲过了分拆危机，将竭尽可能与司法部和解本案。微软垄断案出现转机也许涉及某种政治原因。据有些媒体报道，微软在上诉高等法院的同时，还聘请现任总统小布什的资深顾问利德作为说客，小布什当时就公开表示反对分割微软。同时，在2000年美国大选中，微软公司大量增加了政党捐款，总数达到110万美元，其中捐给共和党的占60%。由于小布什在竞选时就表态同情微软公司，所以在他当选总统后，虽不直接干涉法院事务，但通过舆论给司法部门形成压力从而造成对微软有利的态势。

微软虽然未被强令拆分，但微软的垄断事实仍被确认。上诉法院同意杰克逊法官判决的3个基本观点：微软公司利用自己的垄断力量维护市场统治地位；滥用权力迫使软件开发商、因特网接入服务商以及业内其他公司与其签署排他性协议；微软使用垄断力量威胁英特尔公司。因此，微软仍然存在再遭起诉的可能。

甲：微软垄断案的起诉和判决的过程，让人具体地感受到经济垄断和政府反垄断对社会经济的深远影响。

乙：确实如此。发达的市场经济国家，依然要运用反垄断法来调节社会经济。市场机制是市场经济国家配置资源的主要方式。竞争有利于技术创新和制度创新，政府的反垄断法在一定程度上促进了垄断条件下竞争。特别在信息产业中美国政府更难容忍因为垄断而削弱其信息业的国际主导地位。在知识经济时代，谁处于最新科技领域的领先地位，谁就是世界经济的强者。因此，在新科技领域、新兴产业，政府的反垄断仍不会停止。

案例来源：刘峰，靳立新. 微软垄断始末［N］. 经济学消息报，2000-11-17.

案例讨论

1. 美国地方法院宣布微软违反了美国的反垄断法的主要依据是什么？

2. 微软采用视窗操作系统和浏览器“捆绑”销售手段的目的是什么？

3. 微软是对美国20世纪90年代新经济有重要贡献的成功企业。通过微软垄断案，你对发达的市场经济国家的垄断与竞争有何新的认识？

案例五　欧洲企业兼并面面观

材料1　争夺世界市场，空中客车公司与波音、麦道相抗衡

在全球经济运行中，各国资本集团为了增强国际竞争力，均通过兼并活动扩大自己的资本实力，占有更大的国际市场；否则，不仅不能保持住自己原有的资本实力，还有被对手打败的危险。在飞机制造业领域，美国和西欧各自通过兼并扩大优势，增强实力，以达到相互抗衡的目的。

美国的飞机制造业一向雄踞世界之首，波音与麦道两大飞机制造公司控制着世界市场的大部分份额。从20世纪40年代以来，欧洲资本集团为了与美国飞机制造商相抗衡，联合起来组成空中客车公司，在德国生产机身，在英国生产机翼，在西班牙生产尾翼，最后在法国总装，把欧洲飞机制造业的各国优势融合起来，形成了强大攻势。空中客车公司咄咄逼人的竞争势头给美国两大公司造成了很大威慑。波音与麦道两大公司的老板清楚地知道只有联合起来，予以合并，增强实力，优势互补，才能维护自己的实力地位。这一兼并是争夺飞机制造业全球霸主地位的严峻斗争，它不仅在美国引起了很大反响，而且在欧洲也是震惊朝野。在这场事关国家经济命脉的斗争中，欧盟委员会亲自出马予以干预，欧洲空中客车积极采取措施，与波音展开了针锋相对的竞争。空中客车公司原是由四家公司组成的一家松散的公司，目前已就进一步加强联合达成协议，将公司并为一个组织紧密经济实体，使之进一步发挥联合的优势。由此可见，国内垄断与国际垄断相交叉，国内竞争与国际竞争并存。

材料 2　全球化垄断，汽车行业跨国兼（合）并当霸主

以行业或产品为中心，垄断企业为了增强国际竞争能力，突破国界进行兼（合）并活动是全球化垄断的一个新形式。

1998 年，以欧洲为中心的全球范围内的汽车工业的大兼并是争夺世界经济垄断地位的又一轮新的兼并高潮，其影响远远超过欧洲汽车工业本身。仅仅在当年 5 月这 1 个月里，欧洲就出现了三起特大型汽车公司的兼并：德国的欧洲最大汽车公司戴姆勒-奔驰汽车公司兼并了美国三大汽车公司之一的克莱斯勒汽车公司，其意义是极其深远的。奔驰兼并克莱斯勒是在一个经济部门跨越两个发达地区的特大型公司的兼并，是突破单枪匹马、独来独往传统兼并的一次创举，把全球化垄断大大向前推动了一步，展示出欧洲走向世界经济舞台的步伐加速了。另一家德国的欧洲特大型汽车公司大众汽车公司与本国的宝马汽车公司在激烈竞争后，夺取了英国劳斯莱斯汽车公司。与此同时，欧洲其他国家的汽车商也不甘于寂寞，总是千方百计地挤进世界列强之林。意大利菲亚特集团子公司依维柯公司和法国雷诺汽车公司子公司雷诺车辆制造工业公司经过长达两年之久的磋商，认为事不宜迟，断然进行了合并，组成了在欧洲大陆上仅次于德国奔驰公司的第二家客车生产企业。这三起兼（合）并案例说明，在全球范围内，某一行业或某一产品占有优势的垄断是当前全球化垄断的一个重要特征。

材料 3　占领与反占领，欧洲企业扼制外国资本

国外资本集团在欧洲一些经济部门中具有相当势力，控制着一定的市场份额。在欧洲经济一体化趋势中，外国资本集团为了对抗欧洲地区经济势力的排挤，巩固原有的势力范围，往往利用强有力的经济基础和技术优势，通过兼并联合手段继续占有欧洲的市场份额。例如，美国最大的化学公司杜邦公司在生产化学纤维方面拥有先进的技术，成本低、效率高，生产许多高级品牌产品，一直在欧洲市场上占有相当大的份额。近年来，杜邦公司为了进一步巩固其在欧洲市场的势力范围，兼并了英国最大的化学公司帝国工业公司生产尼龙纤维的子公司。兼并后，杜邦公司占有欧洲尼龙纤维市场的40%，其市场份额比占第二位的法国罗纳-普朗克公司高出 2 倍，成为欧洲市场的垄断者。外国资本不仅在市场方面控制欧洲势力，而且在技术、资源等方面也具有一定的控制力。面对外国资本在欧洲各个领域的占有，西欧各国必须发展地区性集团，开展反占领的斗争。

在不锈钢无缝钢管生产领域，欧洲三大公司合力提高市场份额。日本住友金属工业公司在西欧市场的占有率为10%以上，成为左右西欧不锈钢无缝钢管市场的主要生产者。欧洲资本集团为了夺回这一领地，德国的曼内斯曼集团钢铁子公司、伊尔文集团钢铁子公司和尤斯诺集团的钢铁子公司三家公司合并组成DMV公司，合并后的DMV公司占有市场份额达35%，有力地扼制了日本公司在西欧的势力。

长期以来，欧洲疫苗市场一直被外国资本占有相当优势。例如，美国第二大医药公司默克公司自20世纪70年代初进入欧洲市场以来，一直是欧洲疫苗市场的主要生产者。西欧资本为了夺回这一阵地，法国化学公司——罗纳-普朗克公司的子公司在法国专门生产多价疫苗（将几种抗原性合成为一种疫苗）的子公司，成为世界上最大的疫苗生产者，排挤了外在势力，抢占了欧洲市场。

材料4　增强凝聚力，雷诺与沃尔沃合并促振兴

西欧国家大多国内市场狭小，生产资源不足，因此，取长补短、趋利避害、协调发展才能使它们承受来自美国和日本的严重挑战。增加内部凝聚力成为欧洲企业兼并的主要原因之一。

在制造业方面，同样存在着为了共同利益，增强欧洲内部凝聚力而进行的兼（合）并。例如，1993年，法国最大的汽车公司雷诺公司和瑞典最大的汽车公司沃尔沃公司进行了合并，合并后组成的雷诺-沃尔沃汽车公司就成为欧洲共同体汽车工业走联合之路、促进共同经济繁荣的一个典型例子。雷诺公司和沃尔沃公司在合并前各自都具有一定的实力，但在世界汽车市场上却缺乏打开局面的实力，难以与世界上强大的汽车公司相抗衡。在车型方面，雷诺公司的优势是小型汽车，而沃尔沃公司的优势则是大汽缸豪华型汽车；在市场方面，雷诺公司在中南欧、非洲和南美洲有一定的势力，沃尔沃公司在北欧、美国及亚洲有一定的市场份额，两家各自为政，很难在世界汽车市场上进一步打开局面。两家公司合并后，在车型上，其生产的卡车成为仅次于德国奔驰汽车公司的大型卡车制造商；在市场上，其成为欧洲首屈一指的公共汽车和大型客车的生产者。两者联合后，充分利用它们原有的生产和市场优势，进一步发挥协同作战的有利条件，促进了西欧汽车工业的振兴。

资料来源：龚维敬. 欧洲企业兼并的动因［J］. 世界经济研究，2000（2）：8-13.

案例讨论

1. 请结合案例阐述垄断为什么不能消除竞争，而是与竞争并存，并使竞争规模更大、更加激烈。

2. 你是怎样理解全球化垄断的？

3. 科技进步既有利于大量中小企业的形成和发展，也会巩固大公司的垄断优势。科技进步对垄断与反垄断究竟起着什么作用？

第五章　资本主义生产

引言：“明者因时而变，知者随世而制。”谋划和推动经济社会发展，需要与时俱进、顺势而为。当下，推动经济发展，要更加注重提高发展质量和效益，发展是解决中国所有问题的关键。对此，习近平总书记强调，“我国经济已由高速增长阶段转向高质量发展阶段。实现高质量发展，是保持经济社会持续发展的必然要求，是适应我国社会主要矛盾变化和全面建设社会主义现代化国家的必然要求”。随着从高速增长向高质量发展迈进，中国经济正在开启新的时代。针对如何才能够实现经济高质量发展，习近平总书记强调：“要把有质量、有效益的发展作为发展是硬道理战略思想的内在要求。衡量发展质量和效益，就是投资有回报、产品有市场、企业有利润、员工有收入、政府有税收、环境有改善，这才是我们要的发展。”随着经济总量的不断增大，我国发展的环境、条件、任务、要求等都发生了新的变化，向形态更高级、分工更优化、结构更合理阶段演化的趋势更加明显，人民群众对经济发展、生态环境、文化建设、生活质量等有更高要求。经济增长的质量比速度更重要，优化结构比提升 GDP 总量更重要。就业是民生之本，创业是就业之源。坚持就业优先战略，实施更加积极的就业政策，创造更多就业岗位，着力解决结构性就业矛盾。本章是《政治经济学课程思政案例》的第五章，将结合习近平同志的论述，收集若干案例进行分析和探讨。

案例一　剩余价值是如何产生的

资本家是资本所有人，他开办工厂，使劳动力、资本、土地等生产要素结合起来，从事生产经营活动，生产出适合市场需要的产品，通过产品的销售获取销售收入，从销售收入中拿出一部分收入，向土地所有者支付地租、向劳动力所有者支付工资即劳动力价值、向借贷资本家支付利息，从而使作为剩余索取权的拥有者的资本家获得巨大的剩余价值或利润。剩余价值作为超过劳动力价值的价值，凝结着雇佣劳动者的大量的无偿劳动，即剩余劳动，从而实现了资本家对雇佣劳动者的剥削。剩余劳动是生产剩余产品的劳动，是工人在剩余动时间支付的劳动，它产生于劳动生产率提高后，劳动者生产的劳动产品除了维持个人生存外还有剩余的情况下。剩余劳动的产生有着重要的意义，有了剩余劳动，社会才有可能不断扩大物质资料生产的规模，也才有可能把一部分劳动投入其他部门，发展科学、文化、艺术事业，推动人类历史向前发展。剩余劳动的产生也反映了对工人的残酷剥削。

1936 年，天津东亚纺织有限公司，纺织工人的平均工资为每天 0. 4 元，工人每天劳动 12 小时，可生产毛线 12 磅（1 磅=0. 453 6 千克，下同），每磅售价 2 元。生产 12 磅毛线耗费原材料价值为 19. 2 元，工具设备磨损 2. 4 元。工人一天生产出的商品包含多少价值，其中转移的旧价值是多少？新价值和剩余价值是如何产生的？工人一天内创造多少新价值，其中多少剩余价值？剩余价值率为多少？

案例讨论

1. 理解剩余价值创造的过程，并分析剩余价值的内容和实质。
2. 了解工人的地位并分析工资的实质。
3. 思考：政府在工人和资本家之间应扮演何种角色？

案例评析

（1）资本是能够带剩余价值的价值。货币只有带来剩余价值，才能转化为资本。剩余价值是工人创造的超过劳动力自身价值以上的那部分价值。劳动力是人的劳动能力，是人的体力和脑力的总和。劳动力作为一种商品，也具有使用价值和价值两个因素。劳动力的价值由生产和再生产劳动力商品的社会必要劳动时间决定。但是，劳动力要以人这个活的个体的存在为前提。所以生产和再生产劳动力所需要的社会必要劳动时间，可以转化为生产劳动力的各种生活资料的社会必要劳动时间。劳动力商品使用价值的特点在于它是价值的源泉，并且是大于自身价值的价值源泉。劳动力的使用价值能为它的购买者创造剩余价值。

（2）资本和剩余价值都是市场经济的一般范畴。资本依据其在剩余价值生产中的不同作用分为不变资本和可变资本。不变资本是以生产资料形式存在的资本，它在生产过程中不改变自己的价值量，只是将自身的价值转移到新产品中去，不发生价值增值。生产资料包括劳动资料和劳动对象。资本家的生产资料之所以是资本，是因为它被用于榨取工人的剩余劳动。可变资本是以工资的形式支付给工人，由工人在生产过程以外用于个人消费，由工人的劳动力代替。劳动力在生产过程中发挥作用的结果，劳动力价值由劳动力再在生产过程中新创造出来。劳动力在生产过程中不仅要创造出自身的价值，而且创造了比自身价值更大的价值，即剩余价值。生产资料的价值，通常被称为旧价值，由工人的具体劳动转移到新产品中去。劳动力在本次生产过程中活劳动创造的价值为新价值。新价值是可变资本价值和剩余价值之和。区分不变资本和可变资本可以进一步说明，剩余价值是由可变资本创造的，工人的剩余劳动是剩余价值的唯一源泉。

（3）发达的商品生产过程是劳动过程和价值增值过程的统一。作为劳动过程，工人通过具体劳动创造使用价值。作为价值形成过程，工人的具体劳动把已消耗掉的生产资料价值转移到新产品中去，工人的抽象劳动创造出新价值。

在上边给定的条件中，资本家垫支的资本为 19. 2 元的原材料价值，2. 4 元的工具设备价值和 0. 4 元的工资价值。其中生产资料的价值一共为 19. 2 元+2. 4 元=21. 6 元。它们作为旧价值在生产毛线过程以前就已经存在，但是它们在生产毛线的过程中由工人的具体劳动转移到毛线的价值中去。工人一天的劳动（抽象劳动）创造的新价值应是全部产品价值减去由物化劳动转移的旧价值后的余额，即 2 元×12 磅−19. 2 元−2. 4 元=2. 4 元。劳动力创造的剩余价值是全部新价值减去可变资本价值（或劳动力价值，即工人的工资）的余额，即 2. 4 元−0. 4 元=2 元。这里边的 0. 4 元，对资本家来说是可变资本，对工人来说是工资。如果工人创造的新价值仅仅等于劳动力价值，就是单纯的价值形成过程，为了生产剩余价值，资本家必须把工人的劳动时间延长到补偿劳动力价值所需要的劳动时间以上，这样，工人在生产过程中创造的新价值就会超过劳动力价值，于是剩余价值便生产出来了。因此，价值增值过程是超过一定点延长了的价值形成过程。商品生产的本质就是剩余价值生产。

剩余价值率是剩余价值同可变资本的比率，即剩余价值率=剩余价值/可变资本，在我们给定的条件中，剩余价值率为2/0.4=500%。剩余价值反映实际使用的可变资本的增值程度。

案例二　劳动节的由来

19世纪，美国和欧洲的许多国家，逐步由资本主义发展到帝国主义阶段，为了刺激经济的高速发展，榨取更多的剩余价值，以维护这个高速运转的资本主义机器，资本家不断采取增加劳动时间和提高劳动强度的办法来残酷地剥削工人。

在美国，工人们每天要劳动14至16个小时，有的甚至长达18个小时，工资却很低。马萨诸塞州一个鞋厂的监工曾经说过这样的话：“让一个身强力壮、体格健全的18岁小伙子，在这里的任何一架机器旁边工作，我能够使他在22岁时头发变成灰白。”沉重的阶级压迫激起了无产者巨大的愤怒。他们知道，要争取生存的条件，就只有团结起来，通过罢工运动与资本家作斗争。工人们提出的罢工条件，就是要求实行八小时工作制。

1886年，第一国际日内瓦会议提出八小时工作制的口号。1886年5月1日，以美国芝加哥市为中心，在美国举行了约35万人参加的大规模罢工和示威游行，示威者要求改善劳动条件，实行八小时工作制。1886年5月3日，芝加哥市政府出动警察进行镇压，开枪打死两人，事态扩大。5月4日，罢工工人在干草市场广场举行抗议。由于有不明身份者向警察投掷炸弹，最终警察开枪，先后共有4位工人、7位警察死亡，史称“干草市场暴乱”或“干草市场屠杀”。在随后的宣判中，有8位无政府主义者被以谋杀罪起诉，结果有4位无政府主义者被绞死，1位在牢中自杀。

为纪念这次伟大的工人运动及抗议随后的宣判，工人们在世界范围内举行了抗议活动。这些活动成了“国际劳动节”的前身。

1889年7月，恩格斯组织召开的第二国际成立大会宣布将每年的五月一日定为国际劳动节。

经过艰苦的流血斗争，工人们终于获得了胜利。为纪念这次工人运动，

1889年7月14日，由各国马克思主义者召集的社会主义者代表大会，在法国巴黎隆重开幕。大会上，代表一致同意：把五月一日定为国际无产阶级的共同节日。这一决定立即得到世界各国工人的积极响应。1890年5月1日，欧美各国的工人阶级率先走上街头，举行盛大的示威游行与集会，争取合法权益。从此，每逢这一天，世界各国的劳动人民都要集会、游行，以示庆祝。

案例三　牛奶为什么倒进了下水道

2020年新冠疫情蔓延世界，作为全球第一大国的美国，成为世界第一大疫情国。美国为了防控疫情，不得不采取“大封城”甚至封路等举措，最终直接导致美国农业遭受重创。根据美国最大的乳品合作组织“美国奶农”的估计，进入4月以来，美国奶农们每天要倾倒1 400万升牛奶。除了牛奶之外，美国其他农产品的浪费状况也同样惨不忍睹。大片大片的洋葱、卷心菜、四季豆，要么烂在田地里，要么直接被翻入土中，还有成千上万的猪崽和数以百万计的鸡蛋被农民含泪“销毁”。在过去的经济危机年代，科技不发达、运输不方便，导致大量的农民出现“倒牛奶”事件，震惊世界。而现在每一次经济危机，这种情况都在大幅减少，因为网络极为发达，运输高速快捷，基本都能解决，农产品至少不会被轻易倒掉，白白浪费。但由于美国各大城市都在封城，各国在封国，直接造成交通运输面临瘫痪，美国很多农民的牛奶不能大量出售。“倒牛奶”这其中有生产成本、运输成本、储存成本，在特殊时期，这些成本会大幅攀升。当然，这里有一点就是美国政府没有考虑到在特殊危机，如何打通整个物质运输机制。美国几百年都没有将这种事情做到位。经过这次疫情危机，希望各国政府都能对本国甚至全世界的贸易系统进行重新设计，要分为正常时期贸易通道和非常时期贸易通道，这样才有可能在下一次特殊经济危机时，避免再出现这种问题。

案例讨论

（1）“美国倒奶事件”是否就意味着美国牛奶就真的多得已经喝不完了？

（2）请列举几个与本案例相同的事件，并加以分析。

案例评析

通过这个案例，我们可以看到，偶然的倒奶事件其实是与许多必然的规律是联系在一起的。

首先，倒奶事件不是全社会性的生产过剩的表现，而是市场经济背景下经常存在的比例失调的表现，确切讲是价值规律决定的供求关系自发作用的结果。

价值规律是商品经济的基本规律，它除了具有配置物质资源，促进社会生产力的发展，进行利益分配的作用外，还具有盲目性、自发性和能造成极大的社会增援浪费等缺陷。一方面，在市场经济自组织调整的条件下，社会生产是处于无政府的状态，社会生产和生产需求经常处于局部脱节的状态，出现或供大于求，或供不应求的问题。另一方面，价值规律对经济的调节作用不是自觉的，而是自发的，是事后的而不是事前的，从而难以避免人、财、物的巨大浪费。如果这些情况是全社会性的就是全社会性的经济危机。美国倒奶事件恰是价值规律的这一负面效应的体现，即在价值规律的自发性和盲目性的作用下，造成了牛奶生产与消费的脱节。

其次，这一事件对我们的启示也是很深刻的。就政府角度来看，市场不是万能的。国家的宏观调控应包括这样几个方面：一是要及时、准确地预测市场需求，单靠奶业市场反馈的信息是不全面的，而单个企业搜集信息进行科学预测的能力有限，且成本也太高，在这方面政府应当有所作为，而不能完全依靠市场；二是资本主义生产的目的和动机是最大限度地获取剩余价值，因此，从这个意义上来讲，一旦出现商品过剩的事情，应有效地阻止企业倒奶行为，因为这种过剩不是“绝对的过剩”，而是“相对的过剩”。三是加强政府对市场供求的调整。在价值规律的作用下，供求会远离均衡点，因为，如果今年因亏损而屠杀奶牛，明年鲜奶的供给就会减少。为此政府就要采取税收政策、财政补贴政策、政策性贷款政策、产业政策等来调节企业和奶牛养殖行业，借助政府的“看得见的手”来弥补“看不见的手”的缺陷。

案例四　“生产剩余价值”的理论进展及其在资本主义的新变化

所有资本家的利润都来自剩余价值，它们是雇佣劳动者生产的总价值中超过支付他们工资所需要的产品价值的那部分价值。因此，利润必须由雇佣劳动者以剩余价值的形式生产出来。马克思的重要贡献在于，对资本主义关系如何导致剥削所提供的解释。在资本主义金融化背景下，国家资本主义崛起、新自由主义影响的双重叠加，使劳动力的性质有了新的变化，即劳动力不再是固定的，而是流动的。在全球（金融）资本主导下，大规模的资本积累成为资本主义追求的目标，并具备了实现该目标的条件，即金融资本的掠夺性和劳动力的弹性化。对于后者，劳动者要从过去仅仅在工厂中从事剩余劳动的生产（固定的劳动力）转变为金融化时代自由流动地从事剩余价值的生产，包括①劳动力在不同工种之间的不断转化，或在就业与失业间转换；②劳动力在空间的不断流动。流动的生存（生产）方式，最终是为了形成一种新的常态，是将劳动力“偶然的”“暂时的”“无规律的”“流动的”劳动变为他们“规律性”常态，这是为创造更多的剩余劳动、生产更多的剩余价值提供必要条件。资本金融化时代的劳动力碎片化程度更为严重，其生产过程呈现非正式化和离土化趋势。

流动性是劳动力的当前形式。相比固定劳动力，流动劳动力为维持生计更有可能在同一时间、相同或不同地点占有多种的、不同的阶级地位。因为，如今的劳动者在金融资本的强大攻势下面临着严峻的生存风险。这样阶级关系、阶级分析被引入剩余价值的纯技术分析之中。当代多数的国外左翼经济学家都继承了马克思的阶级分析方法，认为剩余价值生产不能简单地归结为由经济技术决定，而应更多地看作是由劳动力和资本家两大阶级关系决定。其中，一部分学者从两大阶级之间的冲突入手分析剩余价值生产，另一部分学者则强调阶级合作在剩余价值生产中的作用。对于前者，即使有明确劳动时间和工资合同，劳动者的劳动强度（我们知道，劳动强度和剥削、剩余价值生产息息相关）也与阶级冲突密切相关。例如，在劳资关系缓和阶段，劳动强度通常是劳资双方都能接受的一般标准。不过，在劳资矛盾激化时期，劳动强度通常无规则可循。可能出现的现象是，劳动者在工作日内看似认真劳动，实际行为上非常消极。在一定技术水平下，资本家总是竭力提高劳动力的劳动强度，精确测算劳动时间和构建标准的工作规范。除非工会力量强且有充分就业条件，否则劳动力无法抵制劳动强度的增加，更无法分享“经济剩余”。工会化企业普遍比非工会化企业的生产率更高，但利润率和剩余价值比较低。对于后者，普沃斯基（Adam Przeworski）指出，只要劳动力与资本家妥协，就可以在互利的基础上保持自由企业自由雇工的制度。因此，在曼德尔的范式中，当代资本主义生产关系的调整，使得欧美工人阶级运动遭遇了历史性失败。科技变革促成了以不变资本形态存在的生产要素成本价格的下降；与过去传统的工厂工人相比，当前的劳动力素质大幅提升，使得作为人力资本储备的可变资本数量大大增加。两者的合力，必然降低资本的有机构成，提高利润率水平和剩余价值率。如果没有剩余价值生产的增长，很难想象资本主义会生存至今。

自马克思以来的100多年资本主义历程，诸如科学技术水平、设备现代化水平等劳动的客观条件发生了巨大变革，也引起了劳动的主观条件，即劳动力的发展。马艳认为，马克思的时代，劳动客观条件的变化在程度和速度两个方面，远远强于主观条件的变化；这使得马克思在构建价值理论，进而分析剩余价值生产时，假定社会必要劳动时间总是一定的（也就是说社会必要劳动只存在自然形态的变化，不存在密度形态的变化），也就是只考虑劳动客观条件的变化对剩余价值生产的影响。众所周知，剩余价值的生产有绝对剩余价值生产和相对剩余价值生产两种方式。生产绝对剩余价值的自然劳动时间不变，如果密度形态的劳动增加了，绝对剩余价值相比上期仍会增加；同样的，单位时间内密度形态的劳动增加，可以在劳动力价值不减少的条件下，增加相对剩余价值的生产。学术界普遍承认，相对剩余价值的生产是当代社会进行财富积累和价值增值的主要方式，“相对剩余价值的生产使劳动的技术过程和社会组织发生彻底的革命”。沈开艳强调，劳动技术过程的革命就是科学、技术的变革；社会组织的革命，是组织管理的科学化；因此，包括脑力劳动中的经营劳动、管理劳动和服务劳动，尤其是以知识要素为内涵的密度劳动具有超前性、垄断性、稀缺性和创利性等特点，在商品价值或者社会总价值中，能够起到降低价值构成的作用，推动利润率提高和相对剩余价值生产的增加。当前关于生产剩余价值理论的新讨论、新争鸣、新应用，一是基于理论本身的发展，这是文本研究的结果；二是基于现实问题的回应，这是宏观经济形势发生深刻变化，解决实践困境的结果。有效地运用这些新的理论成果，作用于现实社会实践，必将带来“生产剩余价值”的新变化，推动剩余价值的生产。

正是剩余价值来源与生产的分析，实现了马克思对资本主义的科学理性批判，唤醒了工人阶级的主人意识。以工人阶级为代表的劳动者群体通过自觉的阶级斗争，迫使资产阶级及其所统治的社会为了生存而不断调整生产关系。“资产阶级除非对生产工具，从而对生产关系，从而对全部社会关系不断地进行革命，否则就不能生存下去。”传统的观点认为，绝对剩余价值生产有着难以逾越的自然因素和社会因素限制，要突破这些制约，剩余价值扩张的关键是由绝对剩余价值生产转向相对剩余价值生产。但是，相对剩余价值生产必须以全社会劳动生产力的提高为前提条件。因为，单个生产部门提高劳动生产力，只会使它自己生产的那种商品变得便宜，只能降低劳动力价值中相应的一部分。基于此，从社会经济发展长期来看，这一观点是正确且合理的。原因如下：一是长期内技术进步是可以实现的；二是发达资本主义国家也都特别强调科技进步的作用。短期来看，现实实践与理论逻辑出现了偏差。在短期内，技术创新和发明可能发生在个别企业，而难以在全社会范围内出现。即使个别企业在短期内出现了技术创新，其在获得超额剩余价值的过程中，会引起其他企业的竞相效仿，但要实现由此产生的技术大范围的扩散和全社会生产力的提高也是很难的。

这样，当今生产剩余价值就出现了第一个新特点：长期相对剩余价值生产和短期绝对剩余价值生产并举。上文已经论述，这里的绝对剩余价值生产，并不是绝对延长工作日和劳动强度，而是在工作日“绝对地”超过必要劳动时间的现存条件下，所呈现出的一种剩余价值生产的（资本）形态特征，如通过产业结构升级、职能资本具体化等资本形态变化来实现剩余价值生产。资本金融化，就是职能资本的转化和具体细化过程，是职能资本流向金融部门，转换为金融资产，金融资本不断壮大的过程。金融资本对社会财富和价值的掠夺性、扩张性，使其能在短期内和较大范围内，实现价值增值，弥补技术创新短期变化不明显所形成的相对剩余价值生产停滞的缺陷。

生产剩余价值的第二个新特点：与“相对剩余价值生产和绝对剩余价值生产并举”相对应的是，以“提高全要素增长率与资本投资并重”实现剩余价值生产的增加。在国家资本主义的快速崛起、新帝国主义的目标引领和国际垄断资本的经济主导等多重背景下，依靠提高全要素增长率来获取相对剩余价值生产的重要性不断降低，资本投资和空间扩张显得更为重要。主要发达资本主义国家出现了大量资本剩余，这些积累的资本必须找到吸收自身的载体。因此，在新帝国主义意识的影响下，发达资本主义国家借助国际经济组织的干预，并利用逐渐萌芽的新国家资本主义体制和国际垄断资本实力，在全世界范围内剥夺他国的贬值资产，尤其是能源与金融贬值资产。另外，它们还投资他国基础设施建设、进行产业渗透布局和新产品开发，为信息技术创新停滞情况下的长期剩余价值生产和增值奠定基础。劳动力价值的确定，包括维持劳动者本人生存所必需的生活资料价值、维持劳动者家属生存所必需的生活资料价值和劳动者的教育培训费用。因此，长期内，即使实现了普遍的技术进步，提高了全社会的劳动生产力，降低生活资料价值，但未必就能降低劳动力价值以及缩短必要劳动时间。原因在于，劳动力具有“技能升级”的长期趋势，伴随的是，劳动力教育培训费用等人力资本投资大幅度增加，增加的幅度甚至能够抵销生活资料价值的下降幅度，最终提高了劳动力价值。不能实现劳动力价值的下降，就无法缩短必要劳动时间，当然就不可能实行相对剩余价值生产。

由此，我们推导出生产剩余价值的第三个新特点：既然无法降低劳动力价值，就在保持总投资不变的情况下，提高资本有机构成，提高利润率，实现生产剩余价值增值。我们看到，当代资本主义国家在全世界范围内抢夺人力资源，甚至包括工业革命时代被抛弃的熟练工人。高素质劳动力的复杂劳动，能在单位时间内生产出更多的剩余价值。这又回到了马克思主义的观点，劳动力是生产力体系中最积极、最活跃的要素。生产剩余价值的理论进展和实现变化表明，虽然资本主义国家对生产关系进行了大规模的调整，变换了剩余价值的生产方式，缓和了阶级关系，推动了经济发展。但这根本没有改变资本的本质，没有消除资本主义的基本矛盾。剩余价值的生产，在把全世界卷入资本主义运动之中的同时，必将反作用于资本主义运动，改变其面貌，最终成为实现共产主义的历史缩影。

资料来源：王丰.“生产剩余价值”的理论进展及其在资本主义的新变化［J］.教学与研究，2016（5）：47-55.

案例讨论

1. 如何维护私营企业和外资企业工人的正常劳动保障制度？
2. 维护劳动者的正当利益对于建立新型的劳资关系有何意义？

案例评析

（1）剩余价值理论是马克思的两大发现之一。在《资本论》第一卷，马克思深刻剖析了资本主义经济的运行规律，指出了剩余价值生产是资本主义发展的动力。随着全球宏观经济形势以及微观组织形态、行为的变化，剩余价值的生产方式也出现了较大变化。

（2）现实变化主要集中在五个方面，即金融资本的掠夺式剩余价值生产、资本空间扩张的剥削式剩余价值生产、技术进步式的生产剩余价值、劳动者技能升级式的生产剩余价值和新产品投资式的生产剩余价值。五大变化形成了当前“生产剩余价值”的三个新特点：长期相对剩余价值生产与短期绝对剩余价值生产并举、全要素增长率与资本投资增长并重、劳动力价值提高与资本有机构成提高并存。

案例五　互联网为什么能赚钱

2013 年以来，被称为互联网金融的新金融模式呈蓬勃发展之势，并对传统金融模式与金融业产生了冲击。对此，金融业界、学术界以及监管当局围绕互联网金融展开了激烈的争论。如何理解互联网金融可能对中国金融部门产生的影响成为各方争论的焦点。互联网金融发源于美国，因此，目前中国几乎所有的互联网金融模式都能够在美国找到“样板”。美国不仅拥有全球最为发达的金融市场和最为成熟的金融体系，而且也是 20 世纪 90 年代以互联网的应用和普及为代表的信息革命的策源地。早在 20 世纪 90 年代末，一个较为完整的互联网金融产业链就已经在美国形成，但其互联网金融的发展却并未引发如中国这般广泛而激烈的争论。20 世纪 90 年代初在美国出现的互联网热潮不仅推动了信息技术产业的迅猛发展，而且还加速了互联网技术向传统产业的扩散。金融业作为高度依赖信息获取、处理与传播的产业部门，成为与互联网技术融合的先锋。如果仅从时间上来看，美国的互联网金融模式始于 20 世纪 90 年代初期的互联网热潮；但是如果从一个更长的历史纵深来看，美国互联网金融的发展有着宏大、深刻的时代背景，即互联网金融及其产生的冲击与影响是 20 世纪 70 年代以来美国金融市场与金融体系发生的结构性变化的延续。只有深刻理解和把握这一宏观背景和基本逻辑，才能够清晰地认识美国互联网金融发展的现状与未来。

美国互联网金融的发展大体上分为三个阶段，即 20 世纪 90 年代的蓬勃发展时期、2000—2006 年的平稳发展时期以及 2007 年以来的新发展时期。具体而言，在 20 世纪 90 年代初互联网热潮的带动下，网络银行、网络证券、网络保险以及网络理财等互联网金融模式在美国率先出现并迅速发展，形成了美国互联网金融的基本业务模式与格局。1992 年，美国第一家互联网券商亿创理财（E-Trade）成立。由于其提供了比嘉信理财等传统券商更为低廉的佣金费率，所以其在成立后发展迅速并推动了整个证券经纪行业的信息化和网络化。此后，美国主要的证券公司纷纷推出了基于自身优势的网络平台，并逐渐形成了以 E-Trade 模式、嘉信理财模式和美林模式为代表的三种特色各异的网络证券模式。1995 年，美国第一家也是全球第一家互联网银行——美国安全第一网络银行成立。该网络银行的特点是不设物理网点而是通过互联网向客户提供高效、便捷的银行服务。凭借成本优势和网络便捷性，该银行在短短 3 年时间内便跃居美国第六大银行，其资产规模高达上千亿美元。而同年成立的美国第三方保险网站（INSWEB）作为美国第一家网络保险电子商务公司，则开创了利用互联网销售传统保险产品的先河。作为网络保险的标志，该公司利用网络平台连接保险公司和潜在的客户群体，将保险的专业知识、销售平台以及客户服务进行有效整合。这一保险公司与客户双赢的创新型保险经营模式迅速带动了网络保险模式的发展。INSWEB 的主营业务基本覆盖了主要零售险种，并且 INSWEB 于 1999 年在纳斯达克股票市场上市。1998 年，美国大型电子商务公司 E-BAY 成立了互联网支付子公司 Paypal，并于 1999 年完成了电子支付与货币市场基金的对接，从而开创了互联网货币市场基金的先例。在线投资者只需注册成为 Paypal 用户，其账户中的现金余额即自动投资于货币市场基金。

现金般的用户体验和远高于银行存款的利息收益使得该理财产品受到市场热捧。到 20 世纪 90 年代末，美国已经基本形成了较为成熟的互联网金融模式和相对完整的产业链。从总体上看，美国的互联网金融在 2000 年高科技股票泡沫破灭至 2006 年次贷危机爆发前这一期间的发展相对理性和平稳。尽管这一时期并未出现新的互联网金融模式，但互联网与金融业的融合并未中断：以大银行为代表的传统金融机构进一步加快了信息化和网络化的步伐，而传统的主要依托柜台和线下营销的保险公司也纷纷开始开展网络营销服务，传统金融机构的网络化成为这一时期美国互联网金融发展的主流。在 2007 年次贷危机前后，美国互联网金融的发展出现了一个较为明显的变化，即以 Prosper 和 Lending Club 公司为代表的“人人贷”网络融资模式开始兴起。这一“点对点”的网络直接融资模式几乎实现了真正意义上的“去金融中介化”，并表现出了旺盛的生命力。如 Lending Club 这一目前美国最大的个人对个人（P2P）网络融资平台自2007年成立以来，贷款额年均增速超过100%。

资料来源：王达. 美国互联网金融的发展及其影响［J］. 世界经济研究，2014(12)：41-46.

案例讨论

1. 互联网为什么能赚钱?

2. 互联网领域里的劳动创造价值吗?

案例六 “不幸的皮尔”

——对资本属性的认识

马克思在《资本论》第二十五章《现代殖民地理论》中，为了说明资本的属性和资本积累的规律，转述了一个脍炙人口的故事。故事是一个叫威克菲尔德的英国经济学家在他的《英国和美国》一书中谈到的，故事来源于他在殖民地的新发现。

威克菲尔德在殖民地发现了什么呢？原来，他发现了拥有货币、生活资料、机器以及其他生产资料，而没有雇佣工人这个补充物，没有被迫自愿出卖自己的人，也不能使一个人成为资本家。他发现，资本不是一种物，而是一种以物为媒介的人和人之间的社会关系。这个发现来自一个叫皮尔的资本家的考察。皮尔先生非常有远见，他把价值5万英镑的生活资料和生产资料从英国带到新荷兰（澳大利亚）的斯旺河去，并同时带去了3 000名男工、女工和童工，企图在那里赚取剩余价值。可是，英国工人一到物产富饶、极易谋生的澳大利亚，就纷纷离开了，结果皮尔先生竟连一个替他铺床或到河边打水的仆人也没有了。于是马克思幽默而讽刺地说：“不幸的皮尔先生，他什么都预见到了，就是忘了把英国的生产关系输出到斯旺河去。”

案例讨论

1. 如何理解马克思主义政治经济学关于资本属性的描述?

2. 党的十五大报告中提出了“公有资本”的概念，如何理解?

案例七 饥饿和法律的强制力量

材料 1

英国 1850 年制定的工厂法（1867 年）规定，一周平均每个工作日为 10 小时，即一周的前 5 天为 12 小时，其中包括法定的半小时的早饭时间和一小时的午饭时间，做工时间净剩 10.5 小时；星期六为 8 小时，其中有半小时的早饭时间。每周净剩 60 小时。为了监督法律的执行，英国政府设置了专门的工厂视察员，直属内务部，他们的报告由议会每半年公布一次。这些报告不断地提供关于资本家对剩余劳动贪欲的官方统计材料。让我们听一听这些工厂视察员的报告吧。“狡猾的工厂主在早晨 6 点前 1 刻就开工，有时还要早些，有时稍晚些；晚上 6 点过 1 刻才收工，有时稍早些，有时还要晚些。他把名义上规定的半小时早饭时间前后各侵占 5 分钟，一小时午饭时间前后各侵占 10 分钟。星期六下午到 2 点过 1 刻才收工，有时稍早些，有时还要晚些。这样每周多出来 5 小时 40 分钟，每年以 50 个劳动周计算（除掉 2 周作为节日或因故停工），共为 27 个工作日。”“这里捞一点时间，那里捞一点时间，一天多出一小时，一年 12 个月就变成 13 个月了。”在危机时期，生产中断，“开工不足”，每周只开工几天。这当然不影响资本家延长工作日的欲望。

资本“零敲碎打地偷窃”工人吃饭时间和休息时间的这种行为，又被工厂视察员叫作“偷占几分钟时间”“夺走几分钟时间”，工人中间流行的术语，叫作“啃吃饭时间”。

材料 2

以上我们考察了一些部门中竭力延长工作日的情况，考察了对剩余劳动的狼一般的贪欲，在这些部门中，无限度的压榨，正如一个英国资产阶级经济学家所说的，比西班牙人对美洲红种人的暴虐有过之而无不及，因此，资本终于受到法律的约束。现在我们来看看另外一些生产部门，在那里，直到今天，或者直到不久以前，还在毫无拘束地压榨劳动力。1860 年 1 月 14 日，郡治安法官布罗顿先生在诺定昂市会议厅主持的一次集会上说，从事花边生产的那部分城市居民过着极其贫穷痛苦的生活，贫困程度是文明世界的其他地方所没有见过的……9 到 10 岁的孩子，在大清早三四点钟就被从肮脏的床上拉起来，为了勉强糊口，不得不一直干到夜里十一二点。他们四肢瘦弱，身躯萎缩，神态呆痴，麻木得像石头人一样，使人看一眼都感到不寒而栗。马勒特先生和别的工厂主起来抗议讨论这类事情，是一点也不奇怪的。这种制度，正像蒙塔古·瓦尔普牧师所描写的那样，是无拘无束的奴隶制，是社会的、肉体的、道德的和智力的奴隶制……如果一个城市竟举行公众集会，请求把男子每天的劳动时间限制为 18 小时，那我们将做何感想呢！……我们抨击弗吉尼亚和加罗林的种植园主。然而，他们买卖黑奴、鞭笞黑奴、贩卖人肉的行为，比起为资本家的利益而制造面纱的过程中发生的那种慢性杀人的暴行，难道更可恶吗？

材料 3

格林豪医生指出，在特伦特河畔的斯托克和在沃尔斯坦登这两个陶业区，人的寿命特别短。20 岁以上的男子从事陶业生产的，在斯托克区虽然只占 36.6%，在沃尔斯坦登只占 30.4%，但是在这类年龄的男子死亡人数中，死于胸腔病的陶工在斯托克区占一半以上，在沃尔斯坦登区约占 2/5。陶工作为一个阶级，不分男女……代表着身体上和道德上退化的人口。他们一般都身材矮小，发育不良，而且胸部往往是畸形的。他们未老先衰，寿命短促，迟钝而又贫血。他们常患消化不良症、肝脏病、肾脏病和风湿症，体质极为虚弱。他们最常患的是胸腔病：肺炎、肺结核、支气管炎和哮喘病。有一种哮喘病是陶工所特有的，通常被称为陶工哮喘病或陶工肺结核。还有侵及腺、骨骼和身体其他部分的瘰疬病，患这种病的陶工占 2/3 以上。

火柴制造业是从 1833 年用木梗涂磷的办法被发明之后出现的。自 1845 年起，它在英国迅速地发展起来，并由伦敦人口稠密的地区传到曼彻斯特、伯明翰、利物浦、布利斯托尔、诺里奇、新堡、格拉斯哥等地，它同时也使牙关锁闭症蔓延到各地。维也纳的一位医生早在 1845 年就发现这种病是火柴工人的职业病。工人中有一半是 13 岁以下的儿童和不满 18 岁的少年。谁都知道，这种制造业有害健康，令人生厌，所以只有工人阶级中那些最不幸的人、饿得半死的寡妇等，才肯把“衣衫褴褛、饿得半死、无人照管、未受教育的孩子”送去干这种活。在委员怀特 1863 年询问过的证人当中，有 270 人不满 18 岁，40 人不满 10 岁，10 人只有 8 岁，5 人只有 6 岁。他们的工作日从 12 小时到 14 小时或 15 小时不等，此外还有夜间劳动，吃饭没有固定时间，而且多半是在充满磷毒的工作室里吃饭。如果但丁还在，他一定会发现，他所想象的最残酷的地狱也赶不上这种制造业中的情景。在壁纸工厂中，粗糙的壁纸用机器印刷，精致的壁纸用手工印刷。生产的旺季是从头一年10月初到第二年4月底。在这段时间内，劳动往往从每天早晨6点一直持续到晚上10点，甚至到深夜，中间几乎没有休息。

采用昼夜轮班做工的办法，无论是在忙时还是在平时，都会使工作日极度延长。这种延长在许多场合不仅骇人听闻，而且简直令人难以置信。有时难免有的儿童因某种原因不能上工接班，这时，一个或几个本该下工的儿童就得留下来填补空位。

材料4

资本由于无限度地盲目追逐剩余劳动，像狼一般地贪求剩余劳动，不仅突破了工作日的道德极限，而且突破了工作日的纯粹身体的极限。它侵占人体成长、发育和维持健康所需要的时间。它掠夺工人呼吸新鲜空气和接触阳光所需要的时间。它克扣吃饭时间，尽量把吃饭时间并入生产过程，因此对待工人就像对待单纯的生产资料那样，给他饭吃，就如同给锅炉加煤、给机器上油一样。资本把积蓄、更新和恢复生命力所需要的正常睡眠，变成了恢复精疲力竭的机体所必不可少的小时麻木状态。在这里，不是劳动力的正常状态的维持决定工作日的界限，相反，是劳动力每天尽量地耗费（不论这是多么强制和多么痛苦）、决定工人休息时间的界限。资本是不管劳动力的寿命长短的。它唯一关心的是在一个工作日内最大限度地使用劳动力。它靠缩短劳动力的寿命来达到这一目的，正像贪得无厌的农场主靠掠夺土地肥力来提高收获量一样。可见，资本主义生产——实质上就是剩余价值的生产，就是剩余劳动的吸取——通过延长工作日，不仅使人的劳动力由于被夺去了道德上和身体上的正常发展和活动的条件而处于萎缩状态，而且使劳动力本身未老先衰和死亡。它靠缩短工人的寿命，在一定期限内延长工人的生产时间。但是，劳动力的价值包含再生产工人或延续工人阶级所必需的商品的价值。既然资本无限度地追逐自行增殖，必然使工作日延长到违反自然的程度，从而缩短工人的寿命，缩短他们的劳动力发挥作用的时间。因此，已经消费掉的劳动力就必须更加迅速地补偿。这样，在劳动力的再生产上就要花更多的费用，正像一台机器磨损得越快，每天要再生产的那一部分机器价值也就越大。因此，资本为了自身的利益，看来也需要规定一种正常工作日。

正常工作日的规定，是几个世纪以来资本家和工人之间斗争的结果。但在这个斗争的历史中，出现了两种对立的倾向。现代的工厂法强制地缩短工作日，而当时的劳工法力图强制地延长工作日。

第一个劳工法（爱德华三世二十三年即1349年），在法律上强制地规定了“合理”工资和工作日界限。依照法令（虽然始终没有实现），所有手艺人和农业工人的工作日，从3月到9月，应该是从早晨五点到晚上七八点，其中吃饭时间是早饭1小时，午饭1.5小时，午后小餐0.5小时，正好比现行工厂法规定的吃饭时间多一倍。冬季，是从早晨五点劳动到天黑。中间的休息时间不变。

在1833年的法令颁布以前，儿童和少年被迫整夜、整日或整昼夜从事劳动。现代工业中的正常工作日，只是从1833年颁布了有关棉、毛、麻、丝等工厂的工厂法起才出现的。1833年到1864年的英国工厂立法史，比任何东西都更能说明资本精神的特征。1833年的法令规定，工厂的普通工作日应从早晨五点半开始，到晚上八点半结束。在这15小时的界限内，在白天的任何时间使用少年（从13岁到18岁）做工都是合法的，但是有一个条件：除某些特别规定的情况外，每个少年每天不得做工12小时以上。该法令的第6节规定：“在限制的劳动时间内，每人每天至少应有1.5小时的吃饭时间。”除了下面要谈到的例外情况，禁止雇用未满9岁的儿童；9岁至13岁的儿童的劳动时间每天限制为8小时。禁止9岁至18岁的少年做夜工，也就是在该法令所说的晚上八点半至早晨五点半之间做工。

案例讨论

1. 以上材料说明了什么问题？
2. 资本主义发展初期剩余价值生产的特点是什么？

第六章 资本的循环和周转

引言：习近平多次强调，要推动形成以国内大循环为主体、国内国际双循环相互促进的新发展格局。这个新发展格局是根据我国发展阶段、环境、条件变化提出来的，是重塑我国国际合作和竞争新优势的战略抉择。近年来，随着外部环境和我国发展所具有的要素禀赋的变化，市场和资源两头在外的国际大循环动能明显减弱，而我国内需潜力不断释放，国内大循环活力日益强劲，客观上有着此消彼长的态势。对这个客观现象，理论界进行了很多讨论，可以继续深化研究，并提出真知灼见。自2008年国际金融危机以来，我国经济已经在向以国内大循环为主体转变，经常项目顺差同国内生产总值的比率由2007年的9.9%降至现在的不到1%，国内需求对经济增长的贡献率有7个年份超过100%。未来一个时期，国内市场主导国民经济循环特征会更加明显，经济增长的内需潜力会不断释放。我们要坚持供给侧结构性改革这个战略方向，扭住扩大内需这个战略基点，使生产、分配、流通、消费更多依托国内市场，提升供给体系对国内需求的适配性，形成需求牵引供给、供给创造需求的更高水平动态平衡。当然，新发展格局决不是封闭的国内循环，而是开放的国内国际双循环。我国在世界经济中的地位将持续上升，同世界经济的联系会更加紧密，为其他国家提供的市场机会将更加广阔，成为吸引国际商品和要素资源的巨大引力场。① 基于此，本章将结合习近平同志的论述选择若干案例进行分析和探讨。

① 习近平. 在经济社会领域专家座谈会上的讲话［EB/OL］.（2020-08-24）［2021-03-03］. http://www.xinhuanet.com/2020-08/24/c_1126407772.htm.

案例一　日本、美国、中国固定资本的更新与折旧状况

材料 1　资本主义各国的固定资本更新数据

日本固定资本的平均使用年限为 10 年，美国为 17 年；美国现有机床的 34%使用年限超过 20 年，日本现有机床的使用年限在 10～20 年的占 35%，在 10 年以内的占 61%。

材料 2　在经济改革前，我国工业的固定资产折旧率状况

我国工业的折旧缓慢，资本主义发达国家的折旧率一般在 10%～20%，而我国在 1979 年以前，国营企业的固定资产折旧率仅在 2.9%～3.7%，1979 年后的折旧率也只有 4%左右。按照我国工业企业的平均基本折旧率 4%计算，我国工业固定资产的平均使用年限为 25 年。但是，实际情况比这还要严重得多。因为在计划经济体制时期，我国工业企业中的基本折旧基金几乎一半以上普遍被挪用于基本建设投资，如 1980 年全国全民所有制企业的折旧基金用于基本建设的占 80%左右。所以，我国工业固定资产的平均使用年限在 30 年以上。以我国工业技术水平最高的上海为例，20 世纪 80 年代初，全市三四十年代的老设备占全部工业设备的一半左右；全市手工业局的设备，20 世纪 60 年代以后的只占 9%，50 年代以前的占 91%，其中 20 世纪 30 年代以前的占 15%，20 世纪 40 年代以前的占 41%；在全市造纸设备中，20 世纪 50 年代以前的占 72%；此外，一些工业局拥有的金属切削机床和锻压设备，使用 15 年以上的约占 1/3；1980 年，上海市机电一局有设备 56 000 台，其中，9 000 多台使用了 20 年以上，约占 2/3。

长期以来，我国对机器设备这类固定资产，很少考虑技术进步因素而提前报废的。以我国机械工业为例，1981 年，我国机械工业的固定资产达 1 211 亿元，拥有各种机床 250 多万台，生产的机电产品达 2.8 万多种。但是，在这 250 多万台机床中，有 40%以上是过时的普通机床；在这 2.8 万多种机电产品中，急需淘汰的约占 60%，属于 20 世纪 70 年代先进水平的只有 5%左右。

1998 年，国有工业企业（56 096 家）的工业增加值为 8 032.7 亿元，

利润总额为 101. 1 亿元（同期应交所得税 202. 1 亿元），利税总额为 2 315. 6 亿元，本年折旧为 1 569. 3 亿元，固定资产原值为 36 308. 6 亿元。

1992 年，为了推动财会制度改革，财政部编写了《企业财务会计改革讲座》一书，书中提出我国固定资产折旧率逐年提高，以工业企业为例，1982 年为 4. 3%，1985 年为 5%，1988 年提高到 5. 3%，1989 年达到 5. 5%。我国现行国有企业的固定资产平均折旧率为 5. 5%。这次折旧制度改革将大幅度地提高折旧水平，折旧率可达到 6. 8%~7. 8%。

案例讨论

1. 固定资本的折旧与固定资本的更新有什么关系？
2. 固定资本的更新对我国经济发展有什么积极意义？
3. 制定合理的折旧率对企业和国家的经济发展有何意义？

案例二　资本的循环和周转

某企业是一个专业从事手表生产与销售的企业，主要生产销售机械表。该企业下设一个手表专营公司负责手表的销售，专营公司的副经理叫刘帆。1987 年前后，市场发生了变化，电子表畅销，机械表销售下降。该企业的产品积压严重，仅专营公司就积压了 100 多万只机械表。当时刘帆给厂里打报告，请示处理积压产品。当时市价为 120 元一只的机械表，刘帆准备以 25 元一只处理掉，然后利用收回的资金生产销售电子表。厂里没有批准刘帆的报告。刘帆又给主管局打报告，主管局也没有批示。在这种情况下，刘帆自作主张，以 25 元/只的价格处理积压产品。经过两三个月的努力，积压产品全部售出，收回资金 2 500 万元。刘帆用这些资金引进香港表盘、机芯，根据市场需求，生产多花色的电子表产品去争取市场，到 1989 年，专营公司盈利 900 多万元。但是由于该手表厂也是个老大难企业，先后换了 10 多名厂长，刘帆的行为让企业领导感到难堪，遂在 1990 年将专营公司撤销。1992 年手表厂面临破产，累计亏损 4 000 多万元，银行存款只有 4 万元，固定资产达 8 000 万元，并且有几百台进口设备。在这种情况下，1992 年 4 月刘帆被任命为该厂厂长。8 个月后，该企业减亏 747 万元，1993 年全面扭亏，实现利税 574 万元。1996 年还清了近 1 亿元债务。

案例讨论

1. 处理滞销产品对企业顺利实现资本循环有什么作用?
2. 企业维持正常经营的关键是什么?
3. 加速资本循环与周转对企业的发展有什么意义?

案例三　电子商务加快资本周转

2009 年,“双十一”有 27 个品牌参与,天猫“双十一”销售额为 0.5 亿元;

2010 年,“双十一”销售额为 9.36 亿元;

2011 年,“双十一”成交额飙升至 52 亿元;

2012 年,“双十一”当日支付宝交易额实现飞速增长,达到 191 亿元,刷新了全球网购节单日销量记录,成为全球最大购物日;

2013 年,“双十一”总交易额 350.19 亿元;

2014 年,“双十一”当天交易额 571 亿元;

2015 年,“双十一”交易额已超 912 亿元;

2016 年,覆盖 235 个国家和地区,“双十一”交易额超过 1 207 亿元;

2017 年,“双十一”交易总额 1 682 亿元;

2018 年的“双十一”再创历史新高,天猫成交额 2 135 亿元;

2019 年,“双十一”交易额达到 2 684 亿元;

2020 年,“双十一”成交额突破 3 723 亿元。

案例讨论

1. 电子商务如何加快资本周转?
2. 电子商务加快资本周转的利与弊各是什么?

案例四　海尔“怎样让石头漂起来”

海尔在 1998 年干了一个“业务流程再造”工程。

在一次关于“业务流程再造”的高级经理人培训会议上,海尔集团

CEO 张瑞敏目光炯炯地看着讲台下的中层干部们，提出了一个脑筋急转弯问题："石头怎样才能在水上漂起来？"

"把石头掏空。"有人喊了一句。张瑞敏摇了摇头。

"把石头放在木板上。"又有人答道。张瑞敏又摇了摇头。

"做一块假石头。"这个回答引来了一片笑声。张瑞敏还是摇了摇头："石头是真的。"

"速度。"海尔集团见习副总裁喻子达回答道。

"正确。"张瑞敏脸上露出了笑容，"《孙子兵法》上说过：'激水之疾，至于漂石者，势也。'速度决定了石头能否漂起来。网络时代，速度同样决定了企业能否跃上新的高峰！"

这一细节形象地表明了海尔"业务流程再造"目标是解决企业的循环与周转的速度问题。

海尔"业务流程再造"主要从采购和销售这一资本循环的两个重要环节入手。海尔的采购和配送，过去是各个事业部各自采购，集团现在成立物流本部，实行集团统一采购。这一改革效果显著。其一是降低了集团对外采购成本，仅 1999 年当年降低的采购成本就达 5 亿元，2001 年在 1999 年的基础上又降低了 10 亿元。其二是择优采购，带来了零部件产品质量的整体提高。其三是库存减少，其中零部件仓库存放面积减少了 32 万平方米。目前在海尔开发区的物流中心，原材料只有不到 7 天的库存，成品 24 小时就发往全国的 42 个配送中心，呆滞物资降低了 90%，原材料库存资金周转天数从 30 天以上降低到不到 10 天。海尔的销售过去是在市场上布阵各自为战，造成资源浪费。现在实行商流整合，全国销售人员减少了 30%，全国的营销网络增加到 2 000 多家。这一改革使营销成本降低，实现了与用户的零距离，能对客户需求快速反应。海尔接到客户订单，在 10 天内即可完成从采购、制造到配送的全过程，而一般企业完成这个过程要 36 天。

通过改革，海尔与商家之间实现了现款现货，资金周转速度快了，不良资产少了。集团流动资产的周转速度，1999 年为 118 天，2001 年为 79 天。一年资金吞吐量高达千亿元，日均相互结算为 3 亿元。

案例讨论

1. 为什么速度对一个企业有这么重要的意义？

2. 在现代社会，企业更加注重资本循环的哪一环节？为什么？

案例评析

首先，企业资本周转的中心问题是速度问题，企业资本周转越快，增值的价值也就越多。加快企业资本周转的速度，其实质在于提高资本的使用效率。假定我国每百元固定资产的产值能提高 1%，用同样的固定资产就可以多生产近百亿产值的商品；每生产 100 元产值的流动资本能节约 1%，生产同样产值的商品，一年就可以节约 40 多亿元的流动资本。加快资本周转速度尤其要加快流动资本的周转速度。我国工业的 3 万亿流动资金如能加快，这 3 万亿元可相当于十几万亿元甚至几十万亿元使用。这样，在不需要增加多少投资的情况下，经济规模和效益会增长许多倍。

其次，在市场经济条件下，每个企业都必须把资本不断地投入到经营活动中，通过购买生产要素进行生产，然后将产品销售出去，最终收回货币并获取利润。在现代社会中，产品的生产对于企业而言已经是件很容易的事件，也比较规范，而竞争最激烈的环节则是资本循环所经历的购买和销售这两个阶段。其中，商品的销售阶段是最重要的阶段，它关系到商品是否能转化货币资本，马克思认为，资本能否通过销售阶段是“惊险的跳跃”，它关系到企业的命运。当然，商品的销售速度的快慢也在不同程度上影响一个企业的存在与发展，因为它不仅是关系一个资本循环的终结，也关系到下一次资本循环的开始。因此，现代企业都十分重视资本循环所必经的这两个阶段。

再次，在现代社会，随着因特网的兴起和迅速发展，资本循环和周转的速度对企业越来越至关重要。如现在的互联网使人们跨越了时间和空间，如电子商务的出现，一个客户只需在网上填个单子，在网上点击一下，商品和服务就可以送货上门，这就极大地缩短了流通时间，体现了互联网经济高速、高效和低成本的特点。在这样时代背景下，国际大型跨国公司纷纷由纯粹的制造业向服务业转型，首当其冲的是世界 500 强的老大通用电气。在这股企业经营的新浪潮，海尔感受到是如何改造企业，加快速度，跟上网络时代的步伐。可见，海尔的这一举动，不仅顺应了时代的潮流，也顺应了经济发展规律。

最后，在现代社会，企业可以改革购、产、销等过程（这可以看作一种流程），改革的目标则是要缩短资本的停留时间，以加快资本循环速度。海尔的“业务流程再造”就是这类改革。“业务流程再造”（BPR），是美国在 1990 年提出的，就是对企业的业务流程进行根本性的再思考和彻底性的再设计，使得企业在成本、质量、服务和速度等方面都有很大的改善。海尔的“业务流程再造”措施为：改变过去企业金字塔式的组织结构，建立起以订单信息流为中心带动物流、资金流、市场链的业务流程。它是从企业的经营整体上来改革流程，它最终是加快了企业的总循环和周转速度，提高了企业的经济效益。这比单纯地改革某一过程，见效要大。

案例五　欧佩克又要拧紧油龙头

价格机制是市场若干机制中核心机制，它是价值规律的具体表现形式和作用形式。价格的变动必然引起供求的变动，而供求的变动反过来又引起价格升降。国际石油供求变动引起库存增加，油价下跌，而油价下跌又引起供给减少，油价上涨这样一个过程足以说明这样一条经济规律。

2001 年以来，石油输出国组织七种市场监督原油一揽子平均油价和油价期货市场价格一路下跌，并跌到了每桶 25 美元这个欧佩克内部参考价以下。造成国际石油市场价格下跌的主要原因是当时石油市场的供求关系发生了变化：一方面，国际经济增长放慢，尤其是美国经济低迷和亚欧天气转暖，市场对石油的需求量减少；另一方面，伊拉克的石油出口当时已恢复到较正常的水平，即每天达 210 万桶。为此，美国能源部、美国石油学会公布的数字显示，美国的石油和产品油库存大幅上升，已达到 2. 907 4 亿桶，比上一年同期增加了 800 万桶。

由于国际石油需求减少，库存增加，价格上升，欧佩克减少了石油的供给量，以保证石油价格被控制在所定每桶 25 美元以上的目标水平上。由于欧佩克自 2001 年年初以来两次减少不包括伊拉克在内的十个成员国的原油日开采配额达 250 万桶，使得国际石油被成功地控制在所定目标每桶 25 美元的水平上。与此同时，石油输出国成员还是一致同意共同努力将石油产量限制在每天 24 200 万桶的水平内。他们还决定，如果石油价格出现“疯涨”的话，他们将增加本国的石油产量；相反，如果国际市场对石油的需求进一步下降，他们也会进一步限制石油的产量，减少供给。

资料来源：黎越. 欧佩克又要拧紧油龙头［N］. 经济日报，2001-02-21（03）.

案例讨论

1. 欧佩克拧紧油龙头的这一行为对我们消费者有什么影响？请根据这

一案例描述一下供求变动与价格变动之间的关系？

2. 皮尔·卡丹的产品也与欧佩克一样，每年都限量生产。请分析一下其机制原理，并另举一些与这一理论相关的案例，加以分析。

案例评析

（1）市场作为商品交换的领域或场所，是由买方和卖方组成的，也就是由需求和供给两方组成。需求通常是指消费者在特定的时期，一定的市场、每一个价格水平上愿意并且能够购买某种商品的数量。这里买者购买能力是决定需求的重要的客观因素，就整个市场而言，买者的人数也极其重要，而买者的购买能力怎样和买者的人数多与少又都由一定时期经济发展状况所决定。2001 年以来国际市场对石油需求减少，其内在和外在的因素很多，但是，整个国际经济走低影响了石油需求才是重要的因素。商品的价格和其需求量是反方向变动的，这是一条需求规律。

（2）商品的需求是由商品的供给来满足，供给是生产者在某一时刻，在各种可能的价格水平上，对某种商品（或劳务）愿意或能够出售的能力。市场的供给量除了取决于供给者生产能力，也取决于卖者的数量，如果卖者数量增加，供给量也增加。一般而言，商品的价格和其供给量是同方向变动。就国际石油而言，如果油价较高，石油生产商的利润空间就大，因此他们的生产积极性就高，提供的石油数量也高，反之亦然。这是一条供给规律。国际石油价格下跌，国际石油组织成员国减少石油的供给量，正是受到了这一规律的支配。

但是，反过来，石油供给量的减少又刺激了价格的上升，虽然欧佩克限制石油产量的机制不是市场机制，但是，其结果是通过减少产量而提升了价格，这也符合市场规律。市场规律是一种自然的有时是强制性的趋向，不是人为可以控制的。欧佩克限制石油产量的机制，在市场需求旺盛、油价攀升的情况下也是不灵的，因为其往往在各成员国的压力下而不得不提高原油产量。

（3）对于一种商品的任一价格来说，其相应的需求量和供给量并不一定相等，但是，在该商品的各种可能的价格中必定有一个价格，能使其需求量和供给量相等，从而使该商品市场达到均衡状态，这时的价格是市场价格。由于需求和供给规律双方面的作用，在不同的供求条件下，市场价格会发生变动。

第七章　剩余价值的分配

引言：马克思主义政治经济学是马克思主义的重要组成部分，也是我们坚持和发展马克思主义的必修课。有些人认为，马克思主义政治经济学过时了，《资本论》过时了。这个论断是武断的，也是错误的。远的不说，就从国际金融危机来看，许多资本主义国家经济持续低迷、失业问题严重、两极分化加剧、社会矛盾加深。事实说明，资本主义固有的生产社会化和生产资料私人占有之间的矛盾依然存在，但表现形式、存在特点有所不同。国际金融危机发生后，不少西方学者也在重新研究马克思主义政治经济学、研究《资本论》，借以反思资本主义的弊端。法国学者托马斯·皮凯蒂撰写的《21世纪资本论》，在国际学术界引发了广泛讨论。他用翔实的数据证明，美国等西方国家的不平等程度已经达到或超过了历史最高水平，他认为不加制约的资本主义加剧了财富不平等现象，而且将继续恶化下去。他的分析主要是从分配领域进行的，没有过多涉及更根本的所有制问题，但得出的结论值得我们深思。马克思主义政治经济学认为，分配决定于生产，又反作用于生产，“而最能促进生产的是能使一切社会成员尽可能全面地发展、保持和施展自己能力的那种分配方式”。从我国实际出发，我们确立了按劳分配为主体、多种分配方式并存的分配制度。实践证明，这一制度安排有利于调动各方面积极性，有利于实现效率和公平有机统一。由于种种原因，目前我国收入分配中还存在一些突出的问题，主要是收入差距拉大、劳动报酬在初次分配中的比重较低、居民收入在国民收入分配中的比重偏低。对此，我们要高度重视，努力推动居民收入增长和经济增长同步、劳动报酬提高和劳动生产率提高同步，不断健全体制机制和具体政策，调整国民收入分配格局，持续增加城乡居民收入，不断缩小收入差距。① 基于此，本章将结合习近平同志的论述选择若干案例进行分析和探讨。

---

① 习近平. 不断开拓当代中国马克思主义政治经济学新境界［J］. 党建文汇（上半月），2020(9)：4-6.

案例一 利润流向了哪里
——由我国彩电业、房地产业利润率变化想到的

2003年是不平凡的一年，全年国民经济仍保持较为强劲而健康的增长。据报道，2003年最盈利的十大行业分别是：房地产、汽车、网络游戏、家电、手机、医药、出版、物流、零售、饮料。那么，以后这些行业是否依旧会名列榜首呢？很难轻易得出结论。事实上，中国的很多行业（竞争度较高的行业）在其发展历程中都经历了利润不断变化的过程。请看家电业和房地产业平均利润率的变化：

首先，整个20世纪80年代至90年代上半期是我国家电市场“爆炸式”增长的年代，特别是在1986—1995年的10年，我国家电工业总产值年增长率在32%以上，这种排浪式的消费使得我国城镇及早地完成了彩电等家用电器的普及，家电的社会拥有率迅速提高。但是，20世纪90年代中期以后，大家电先后渡过高速增长期，增长速度大幅度放慢，如电冰箱的增长率已由1995年的20%下降到1999年的5.45%；空调器由1995年的40%下降到1999年的10%；洗衣机的增长率虽有所起伏，但也是呈急剧下降趋势，到1999年的时候已基本上处于零增长状态，2001年已经出现了负增长。

在利润水平上，中国的家电产业从20世纪80年代中期到90年代中期都处于高速增长的时期，这个时期企业的利润水平非常高，平均利润水平是20%~30%。从20世纪90年代后期开始，整个行业的利润率一路下滑，从10%降到了3%~5%，直至接近于零。

就中国彩电生产企业而言，20世纪80年代末90年代初，其平均利润率达到50%以上。从1996年到2000年，彩电行业经过了六次大的价格战，全行业平均利润率下滑到3%。开始尚是“几家欢乐几家愁”，可是到了2001年，竟然出现了彩电史上的首次全行业亏损。

其次，从官方公布的数据来看，十多年来，我国房地产开发企业的营业利润以及房地产行业利润率也发生了很大的变化，总体上，房地产行业年平均利润率呈现出递减态势。1989年，我国房地产开发企业的利润比较低，仅为78 598万元，行业平均营业利润率（营业利润/经营总收入）仅为4.38%。随后的几年，尤其是1992年和1993年，房地产行业开始出现投资热潮，房地产开发企业的营业利润和行业平均利润率都不断攀升，1993年行业平均

利润率高达 13.7%，1994 年房地产开发企业营业利润达到 1 674 350 万元的高峰，为房地产业的暴利时期。但是，受宏观调控的影响，1994 年之后，房地产企业经营利润和行业平均利润率迅速下降，1996 年行业平均利润率仅为 0.91%，1997 年、1998 年、1999 年三年更是出现了“全行业亏损”的局面，1999 年我国房地产行业平均利润率为-1.16%。2000 年才开始“扭亏”为 1.62%，2002 年营业利润率为 3 年（2000 年、2001 年、2002 年）最高，达到了 3.57%。

案例讨论

1. 家电业和房地产业的平均利润率经历了什么变化过程？

2. 试用平均利润规律分析上面两个行业利润率变化的原因。

3. 联系实际，说明应当如何运用“平均利润理论”调节我国市场的供求关系？

案例二　商业流通费用和借贷资本的相关案例

材料 1　网上销售——物流新方式

降低商业流通费用，是增加商业利润的重要途径。20 世纪 90 年代后期，电子商务的兴起，大大降低了商业流通费用，降低了商业预付资本，加速了商业资本周转。

随着全球网上销售的日趋兴旺，传统的采购运作方式受到了冲击。2001 年，据美国国际管理咨询公司对全球 28 个国家的 160 家大公司所做的调查，这 160 家大公司年采购总额为 5 200 亿美元。虽然 2001 年这些公司的网上采购只占全部采购的 2%，但在此后两年内增长到 25%。调查表明，现在越来越多的公司努力通过减少供应商、节省时间和改善服务来提高公司的整体运作水平。在被调查的公司中，更新了采购方式的公司利润率比其他公司高 1/3，销售产品的成本低 1/5。

江苏省充分利用网络销售农产品，网上农产品虚拟大市场初见雏形。2001 年该省已有 1 161 个农产品上网销售，网上销售额达 7.7 亿元。近年来，江苏农业结构调整力度加大，区域特色、产业特色、产品特色正逐步显现，特色农产品受到市场特别是网上市场的欢迎。以此为契机，全省各地积极构筑网络销售平台，让千家万户的农业生产与千变万化的大市场实现对接。通过互联网，宝应县的大米远销到了广西等地，一时卖不出去的蔬菜也找到了销路，农民初步尝到了网络的甜头。如今，网上销售已成为江苏各地农产品流通的新方式。

材料 2　民间资本

2001 年 7 月 19 日，在温州苍南县一个村庄里，河边有间小屋，窗子被用被子堵了个严实。10 个男人陆陆续续进了小屋。一位瘦小的老人庄重地连击两掌，用低哑的嗓音说："上一回收会了。"在摇晃的灯光下，10 个男人每人在桌上拍出厚厚的两万元钱。"一分起。"老人宣布。"一分二。""我出二分。""我出二分一。""二分二!""二分三!""二分五!"蹲在墙角的一个男人头也不抬地喊出了一个数字。"三分!"一个坚定的声音。终于无人再出声。于是老人宣布："好，这钱先归你用。"最后喊出的那个男人，将桌上的 20 万元钱扫到自己的编织袋中，画押后匆匆出门，消失在夜色中。在整个 20 世纪 80 年代与 90 年代，这类场景在温州每个村庄都发生过。这种民间的资本拍卖会或叫"呈会"，或叫"千千滚会"，急需用钱做生意的人带数万就可以入会，如果喊出的利息足够高，他就可以拍得十倍的资金，然后每月还一个人的本息。

苍南有大面积的平原与渔村，从 20 世纪 80 年代开始，庄稼收割卖掉后，农村大量现金从平原涌向渔村，供渔民们造船修船；而一到播种季节，渔村的大量资金又从沿海涌向平原，供农民急用。这种农民与渔村的资金联合，使得民间大规模资金流动形成了一种机制，大批经纪人出现了。当时很多企业发展的资金全靠地下渠道，听说最多一次可以借到 1 000 万元的资金。虽然民间借贷市场对经济发展起了一定的作用，但是在非法的"钱庄"和"台会"里逾期不还是十分危险的。人们选择它们的服务往往是因为很难有其他的选择。民间借贷市场很难真正地为民营经济的发展充分输血。

案例讨论

根据材料 1 讨论：

你认为网上购物最大的好处是低廉的价格吗？如果你觉得是，那这样低廉的价格从何而来呢？你觉得电子商务对经济的影响都有哪几个方面？

根据材料 2 讨论：

1. 试说明民间借贷存在的合理性。

2. 试说明民间借贷的危险性。

3. 试说明对民间借贷国家应采取什么样的对策。

案例三　地租相关案例

材料 1　日本的房地产价格变化对经济的影响

日本是主要发达资本主义国家中人口密度最高的国家，而且人口分布很不均衡。例如，1980 年东京每平方千米高达 5 386 人，大阪府达 4 546 人，而北海道仅为 71 人。

日本森林面积约占国土总面积的 69%，比加拿大的 44%、美国的 31%、法国的 26%要大得多，除去森林、原野、水面、河川等，可居住的土地面积很小。按可居住土地面积的人口密度（人/每平方千米）计，1980 年为 21 450 人，这也是主要发达资本主义国家中最高的。

日本的农地即耕地、园地、牧草地等面积只占国土总面积的 17%，这个比重远比美国的 46%、法国的 64%、德国的 54%、英国的 77%要小得多。据 1974 年度日本的《国土利用年度报告》，日本人均农业用地为 0. 06 公顷①，分别比英国、德国、法国、美国的 0. 34 公顷、0. 22 公顷、0. 64 公顷、2. 09 公顷要少得多。

上述日本的土地和人口的状况说明，日本不仅人口密度很高，而且其地貌也不能迅速适应包括住宅、工厂、商店、道路等在内的城市用地增加的要求。占国土面积很大比重的森林，一般很少转为城市用地和农业用地，相对来说农地转为城市用地较多。据日本 1979 年《国土利用白皮书》，1965—1975 年，农业用地从 643 万公顷减为 575 万公顷，减少 68 万公顷；建筑用地从 85 万公顷增加到 122 万公顷，增加 37 万公顷；道路用地从 82 万公顷增加到 97 万公顷，增加 15 万公顷。在这些年中，森林面积从 2 516 万公顷增加到 2 518 万公顷，仅增加 2 万公顷，几乎无变化。由此可以看出，日本建筑用地及道路用地的增加主要靠的是农业用地的减少。但是，对粮食的

① 1 公顷 = 0. 01 平方千米，下同。

2/3依赖进口的日本来说，农地不能减少过多。所以，根据日本《国土利用计划法》，1975—1985年，农业用地计划从575万公顷增加到611万公顷。

但是，日本经济的迅速发展，要求不断增加城市用地，特别是在1955—1973年的日本经济高速度发展时期，在第三次科学技术革命的条件下，民间设备投资非常旺盛。不仅传统工业从内含和外延上迅速扩大再生产，而且大量兴建新兴工业的工厂，实现重工业化，都需要大量工业用地。同时，随着工业生产和城市化的发展，人口的不断增加，又需要大量的住宅用地、商业用地、金融用地和道路用地；此外，日本政府为加快城市现代化的建设，大事兴办公用事业、基础设施，又需要大量的公共用地。所有这一切，都要求在短时期内增加城市用地。而如前所述，在日本的自然条件下，要使大量山地、森林转作城市用地是很困难的。由此，日本城市用地的不足造成了土地价格特别是大都市的土地价格迅速上涨。根据日本不动产研究所的调查，1976年日本住宅地价每平方米为35 000日元左右，大大高于德国、美国和英国的水平。

在日本，不同地区的地价也相差很远。据日本不动产研究所调查，以1936年的地价为基数，1980年日本市街地价约上涨9 000倍，而普通农田价格则约上涨1 900倍，两类地价的差距明显扩大。同时，在日本城市中，作为日本政治、经济、文化科学中心的三大都市圈——东京圈、大阪圈和名古屋圈的土地面积，只占全国土地面积的10%，但却集中了45%的全国人口，55%的工业生产、70%的商品批发额和72%的大学生。这些地区的经济发展快，就业增加多，收入也比较高。因此，在1955—1975年，全国其他地区人口不断流入这三大都市圈，这里的城市用地的需要激增，而农地、林地可作城市用地却为数有限，因而地价很高，相反，由于北海道地方人口较少，经济发展缓慢，地价也低。

日本地价的迅速上涨，对日本经济的发展具有重大影响。

影响之一，地价昂贵势必相应地增加民间设备投资和政府公共投资，致使被直接用于经济建设的投资减少。例如，1970—1973年，民间设备投资中，购买土地费分别占到7.1%、8.3%、10.6%、9.5%；1970—1977年，日本政府实物投资总额中购买土地费用占12%左右，1978年东京的道路建设费中购买土地费用占70%。

影响之二，由于地价昂贵，限制了社会购买力，城市居民居住条件难以得到改善。例如，1955—1980年，住宅地价上涨约40倍，而在同一期间各产业现金工资总额增加仅14倍。这就是说，1955年一个月的工资能买到的土地，而1980年需近三个月的工资才能购到。1963年，全日本专用住宅的房租平均每“席”，（每“席”长2.22米，宽1.11米）为254日元，1973年为750日元，1978年为1 241日元，15年间涨了3.4倍。而且在都市的中心区，由于地理位置优越，地价更贵。因此，中心区人口逐渐减少，离中心区远的地方则人口增长很快。一方面，这会使城市出现“空心化”现象，降低城市的聚集效益；另一方面，因居民住在远离市中心的地方，而增加了通勤的距离和交通成本，以及每天上下班花费在路上的时间和精力，降低了劳动效率。

影响之三，由于地价昂贵，会诱引大量资源和贷款不适当地流向房地产市场，造成投资比例和结构的破坏，引起金融秩序的混乱，助长炒卖房地产进行投机，这将拉动建筑材料等生产资料价格上扬，使房地产市场价格不合理上升而超过实际的市场需求，形成房地产“泡沫”，导致国民经济出现非正常波动。例如，1986—1990年，日本泡沫经济就是由于地价和股价过度上涨所引起的，其中在影响股价诸多因素中，又以地价上涨影响为甚。1982—1988年，地价上涨对股价变动的影响程度为61.4%，股价上涨一半来自地价拉动。日本泡沫经济的破灭，也是由于受紧缩金融政策影响地价和股价急剧下降的结果。仅1992年一年，日本总资产就比1991年减少448亿日元，其中地产总值减少233亿日元，几乎相当于当年国内生产总值。与此同时，银行业不良债权因房地产价格下降而大量增加，至1993年3月，日本7家房地产公司未回收贷款达6.6万亿日元，占未收回款项总额11.57万亿日元的6成。20世纪90年代起至今，日本经济一直难以复苏。

材料2　中国甘肃和上海的城市用地的级差地租

在社会主义初级阶段，土地虽然属于国家即全民或集体公有，但仍旧需要交给企业和个人去使用，土地的所有权与使用权也是分离的；而土地所具有不同的自然生产力仍然存在。因此，级差地租存在具有客观必然性。

（1）以甘肃省为例，看土地丰度以及交通位置对土地产量的影响。从土地肥沃程度来看，甘肃省1979年全省平均亩产小麦110.5千克，而水利灌溉条件较好的酒泉地区平均亩产292千克，中等的庆阳地区107千克，临夏自治州124.5千克；而干旱缺水的定西地区只有51千克。从1979年全省农村人口人均收入的梯度，可以看出土地位置差别的影响：省会兰州市（按三县六区）平均92.57元，陇南地区的武都县，只有27.27元。兰州市郊各区依次排列是城关区233.50元，安宁区201.39元，西固区145.80元，白银区131元，红古区125元，表现为离市区距离越近，收入越高。

（2）社会主义城市级差地租。城市土地位置的优劣，更主要地体现为工业、商业、金融业、服务业和人口在特定空间区域的分布状况以及集中程度所产生的聚集经济效益上的差异。表7-1为上海市商业用地所提供的利税和级差收入比较。

表7-1　上海市商业用地所提供的利税和级差收入比较（每平方米/元）

区名	商店户数/户	利润税金/元	级差收入/元	级差收入占利税比重/%
黄浦区	97	5 086	1 768	37.8
卢湾区	41	3 971	1 306	33.3
静安区	33	3 651	942	25.8
虹口区	33	2 298	818	35.6
南市区	22	2 118	588	27.8
普陀区	19	1 143	332	29.0
徐汇区	19	954	231	24.9
闵行区	2	440	92	20.9
杨浦区	14	989	0	0

案例讨论

根据材料1回答：房地产业的波动对日本经济产生的影响为我国发展房地产业提供了哪些经验教训？你对我国房地产业的发展过程有哪些了解？

根据材料2回答：

1. 我国是社会主义国家，土地有级差地租吗？如何理解？

2. 随着市场化改革的步步推进，房地产业已经成为我国的支柱产业，无论是城市还是农村土地的商业化使用带来的巨大的增值收益，你认为应如何分配当时主体间的土地增值收益？在城市化和工业化过程中应如何保障一般农民和市民的利益？

案例四　日本房地产泡沫的破裂

日本在20世纪80年代后期吹起的这一个泡沫，是人类经济史上迄今为止最大的一个。

1989年，泡沫经济的最高峰，东京帝国广场下面一平方英里①土地的价格，居然比整个加利福尼亚州的土地价值还高，一个东京都市的地价就相当于美国全国的土地价格。日本正沉浸在一个“地价不倒”的神话中。“把东京的地皮全部卖掉就可以买下美国，然后再把美国土地出租给美国人住。”东京电视台著名经济评论家莫邦富说，“在当时的日本报纸上这样的言论经常可以看到，并且被大部分日本人接受并引以为豪”。

随着地价暴涨，城市住宅价格也开始水涨船高。一般来说，劳动者仅靠工资收入所能购入住宅的价格限度应是年收入的5倍左右。在1990年，东京都市圈的住宅价格与年收入之比已经超过了10倍，在核心地区更是达到了近20倍的水平。

1991年，巨大的地产泡沫自东京开始破裂，迅速蔓延至日本全境。土地和房屋根本卖不出去，陆续竣工的楼房没有住户，空房到处都是。房地产价格狂跌。

著名经济学家林毅夫曾经回忆，他在东京的表哥在泡沫经济破灭前夕，用5亿日元买了一套房子，结果到1990年中期，只值1亿日元。

在泡沫破裂后的15年间，日本都在为这个泡沫还债：经济萧条、政局动荡、犯罪率上升。

案例五　中国的地租

中华人民共和国成立初期，我国城市土地在全面实行国有化之前，存在着私有土地使用制和国有土地使用制两种所有制形式。1950年4月3日政务院公布的《契税暂行条例》第八条指出：“各机关与人民相互间有土地房屋之买卖、典当、赠与或交换行为者，均应交纳契税。”直至1956年，城市私有土地基本上可以买卖、出租、入股、典当、赠与或交换。1956年1月18日中共中央书记处第二办公室《关于目前城市私有房产基本情况及进行社会主义改造的意见》中规定：“一切私人占有的城市空地、街基地等地产，经过适当办法，一律收归国家。”自此，我国实现了城市土地的全面国有化。至于国有土地的使用，则“由当地政府无偿拨给使用，均不必再交租金。”至于农村土地，各地通过实行土地改革以及农业合作化运动后，土

① 1平方英里≈2.59×10^6平方米，下同。

地归农民集体所有。这就形成了城市土地国有、农村土地集体所有的社会主义土地公有制。1982 年制订的《中华人民共和国宪法》（以下简称《宪法》）第十条明确规定："任何组织和个人不得侵占、买卖、出租或者以其他形式非法转让土地。"这在法律上确定了土地的无偿使用制度，社会主义地租在实际上是不存在了，地租调节土地资源优化配置的功能无法实现。随着改革开放的发展，客观上要求改变无偿使用土地为有偿使用土地。为适应经济体制转轨的要求和改革开放的需要，1988 年 4 月 11 日，第七届全国人民代表大会对《宪法》进行修改，确定了"土地使用权可以依照法律的规定转让"。1990 年 5 月 19 日，国务院正式颁布《中华人民共和国城镇国有土地使用权出让和转让暂行条例》，对国有土地使用权的出让、流转、使用期限等做了具体规定。这些法规与制度的调整，最终确立了国有土地的所有权与使用权分离，从而为国有土地使用权的资本运营及国家收取土地使用税费，提供了重要的理论依据和法律保障。1998 年经第九届全国人大常委会第四次会议审议，修订并通过的《中华人民共和国土地管理法》规定"以出让等有偿使用方式取得国有土地使用权"，这就为土地有偿使用的全面实行在法律上给予肯定。

（根据张薰华、俞健《土地经济学》，洪远朋《试论社会主义绝对地租》，张如海《农产品价格问题研究》等改编）

案例讨论

1. 建立社会主义土地公有制，是否就消灭了绝对地租？
2. 在社会主义市场经济条件下，土地是否有价值？

案例评析

（一）关于级差地租理论

对社会主义级差地租理论的讨论，是从社会主义经济实践中提出来、迫切需要加以解决的理论和现实问题。20 世纪 60 年代初，农业社会主义改造完成，实现了集体生产劳动，产生了对不同生产条件的社队的级差收益如何分配的问题。这关系到国家、集体、个人三者的利益。但 1958 年后，有人形而上学地理解社会主义，忽视了合作社之间存在的经济差别，刮起了以公社为基本核算单位的"一平二调"的"共产风"，使农业生产遭到极大损失。当时的经济实际迫切要求用马克思关于级差地租的理论，来阐明不同生产条件的社会经济差别问题和产品分配问题，以制定正确的农村经济政策。

因此，理论界展开了一场大讨论。

1979 年以后，农业实现了联产承包责任制，农民与土地的结合方式发生了变化，由过去集中劳动、统一使用全部土地变为分散劳动、固定使用某一块土地或某几块土地。这种经营方式的改变，使土地的优劣对承包户的自身物质利益有更明显的影响，因此，又引起了对级差地租问题的新探讨。这一次的讨论，比前几次更深入、更广泛。与此同时，在城市由于对外开放和市场经济的迅速发展，大量的城市土地批租，促使城市房地产业以前所未有的速度向前推进。随着城市地产市场的建立和发展，对社会主义城市地租的研究成为迫切而重要的理论问题和实际问题，也引起了越来越多人的关注。

关于社会主义级差地租的讨论，主要形成了以下三种不同的意见：

（1）根本否认农业土地产品中有形成虚假价值的必然性，认为在社会主义制度下，从农产品价值关系来说，不存在超额利润，虽然由于土地的肥沃和位置差别，等量面积上的等量投资会产生出不相等的产量，但只会出现一些超额的剩余产品，这些剩余产品所构成的价格，并不存在一点虚假的社会价值，它们都是由产品的实际劳动时间所构成，所以不存在级差地租。

（2）只承认农业中的级差土地收益，但否认级差地租，认为级差地租是资本主义经济特有的范畴，它的发生是由于土地所有权和使用权的分离，使农业中的超额利润地租化。级差地租是土地所有者实现其土地所有权的经济形态，它反映农业资本家、地主和农业雇佣工人三个阶级之间的关系。在社会主义条件下，土地私有制已经被消灭，生产队既是土地所有者，又是土地经营者，所有权和使用权合二而一，不存在交地租问题。因此，沿用级差地租的范畴不确切。

（3）级差地租可以是社会主义经济的范畴。因为作为形成级差地租的经济前提的商品货币关系、物质基础的土地等级差别和产生级差地租原因的土地经营垄断，在社会主义条件下依然存在。在商品经济条件下，土地产品形成了价值和市场统一价格，等量劳动投入面积相等而丰度不等的土地带来的不等量产品，才表现为级差土地收入；另外，经营土地的是商品生产者，他要求自己的投资有一定利润，只有超额利润才愿意交租。因此，否定级差地租，实际上也就否定了社会主义经济的商品性，否定了经营土地者是商品生产者，因而也否定了他们独立的经济利益。而那些已经营较优土地的经济单位和商品生产者，就排斥了其他经济单位和商品生产者同时经营这块土地，因而处于垄断地位。在社会主义市场经济条件下，要使土地经营垄断不再存在，则要以承担社会生产的经济单位和商品生产者不存在独立的经济利益，失去其商品生产和经营者的地位为社会前提。而这样的社会条件只有在将来的共产主义才会出现。所以，在社会主义初级阶段，级差地租存在其客观必然性，只不过所反映的经济关系及其性质和作用，与资本主义制度下的级差地租根本不同。由于形成超额利润的具体条件不同，社会主义级差地租也有两种形式，即由土地的丰度和区位等级差别形成的超额利润转化为社会主义级差地租Ⅰ，由在同一地块连续投资产生的与劣等地的收入差别转化为社会主义级差地租Ⅱ。

（二）关于绝对地租理论

我国理论界长期以来是否认社会主义存在绝对地租的。我们认为，通过土地改革已经废除了地主的封建土地所有制，免除了封建地租，尤其是经过了农业的社会主义改造后，土地归联合起来的农民集体所有，并由它的集体主人自己经营农业，因而也没有土地所有权和经营权的分离，绝对地租产生的条件已经消失。并且由于我国农产品价格低于价值，因此作为绝对地租的那部分价值实体也不存在，所以绝对地租事实上已经消失。

随着经济体制的改革和对外开放的发展，尤其是经济特区的建立，外资来我国投资，这就产生了要不要向外商征收单纯使用土地的绝对地租？中外合资企业中和国内联营的企业使用土地的一方要不要缴纳地租？社会主义国有土地和集体所有的土地所有权如何在经济上得以实现？因此，从 20 世纪 80 年代开始，理论界逐渐开展了社会主义有无绝对地租的讨论，并且这个讨论日益受到我国经济学界的重视。经过讨论，虽然仍有个别人否认社会主义绝对地租的存在，但大多数人比较一致地认为，在我国社会主义初级阶段，存在着产生绝对地租的原因和条件，仍然存在绝对地租。其基本观点如下：

绝对地租形成的直接原因是对土地的所有权的垄断，土地私有权只是土地所有权的表现形式之一，我国废除了土地私有制，建立了社会主义土地公有制，它仍然是土地所有制的一种形式。土地所有权的存在决定了绝对地租依然存在。在社会主义初级阶段，我国建立的社会主义土地公有制，采取的是国家所有和农民集体所有的两种形式。而且社会主义经济仍然是市场经济，土地所有权与经营权仍然分别属于不同的利益主体，即使是国家和集体也不能无偿割让土地所有权和转让土地使用权，土地公有权仍然要在经济上实现自己，因此，只要有土地公有权的垄断，就有绝对地租的存在。

社会主义经济中绝对地租关系的具体存在，还应该从社会主义土地所有权和使用权的具体制度中进行考察。

从土地国家所有制与国有土地使用来看，主要有四种情况：

（1）土地国家所有，国有企业经营。国有农场、国有矿山和城镇国有企业的用地，除向集体临时借用的外，均属国家所有。为避免不同国有企业因使用国有土地多寡而造成利益不均，国家要求企业上缴各种税收及付费来实现国有土地的所有权。这种不论使用何种等级的土地一律绝对地要付费，就体现了社会主义的绝对地租关系，尽管它发生在同一所有制内部。

（2）土地国家所有，集体经营。城镇集体使用的土地亦属国家所有。这种不同所有制之间土地所有与使用的经济关系，是有偿的商品货币的租赁关系，集体企业应向国家交付土地使用费，其中包含绝对地租。

（3）土地国家所有，个人经营和使用。这种又可以分为对土地的生产性经营与非生产性使用两类。前者主要是城市工商个体户从事经营所占用的国有土地，这种占有必须缴纳土地使用税费，存在绝对地租关系。后者又可分成两类，一类是城镇居民租赁公房的地皮使用，通过支付房租向国家缴纳绝对地租；另一类是自有住房的地皮使用，包含在业主购买房屋时所支付的房价中，体现了绝对地租的关系。

（4）土地我国所有，外商使用。中外合资企业与外资独营企业要获得土地使用权，必须缴纳土地使用费。不管是土地入股还是土地批租，都不仅体现了级差地租，而且体现了绝对地租关系。

从社会主义土地农民集体所有制及对集体土地的使用关系看：

（1）土地农民集体所有，个人经营。农户个人或家庭承包使用集体土地，只有使用权，没有所有权。农民集体经济凭借土地的所有权，要求承包农户交纳集体提留和租金，并把土地承包的租金与土地的数量、质量挂钩。因此，不管经营何种等级的土地，承包农户对集体有上缴绝对地租的义务。

（2）土地农民集体所有，国家征用或借用。按《宪法》规定，国家为了公共利益的需要，可以征用集体土地，征用后的土地所有权归国家所有，使用权属具体用地单位。用地单位除必须支付青苗补偿费、余地附着物补偿费以及安置费外，还得支付土地补偿费。显然，土地补偿费是对地租支付的价格，是土地所有权的一次性实现。如果国家有关部门、国有企业经批准临时借用集体土地，土地所有权与经营权分属于不同利益主体，租用单位支付的代价就包括绝对地租。

总之，为了在经济上实现全部土地（不仅仅是优等地和中等地的所有权），为了刺激土地经营者对所有土地（包括劣等地）的节约使用，绝对地租是社会主义经济中必须承认的事实。

（三）关于社会主义土地价格问题

对初级社会主义是否存在土地价格，土地价格的实质、构成等的认识是不一致的。否认社会主义存在土地价格的观点，其主要依据是我国《宪法》规定土地不允许买卖，土地不是商品。现阶段国家征用集体土地所付的“补偿费”和土地价格在本质上是不同的，两者不能混淆。因此，社会主义事实上不存在土地价格。不同意上述观点的则认为，土地价格仍然是社会主义经济的一个客观范畴。土地有价格，是因为社会主义条件下，土地同样有价值。比如，城市土地都是已经经过开发，是投入劳动的土地，随着城市房地产经济的发展，各类投资的不断增加，城市土地所包含的价值将越来越多。虽然，《宪法》规定土地所有权不能买卖，但土地使用权可以批租转让，从而土地有了价格。有的人认为，在市场经济条件下，还有农产品的“虚假的社会价值”存在的必然性，这种虚假的社会价值是由劳动的自然生产力造成的，它表现为土地本身的价值；并且从绝对地租看，它本来不应该在农产品价格之上再加上“价值额”到产品价格上去，但由于土地所有权存在的原因，它也会表现为有一个“价值额”要加到产品价格上去，从而使土地本身表现为有价值。有的人则认为，社会主义土地可以有价格，但不能说有价值，因为土地不是劳动产品。

社会主义市场经济的建立和发展，需要有结构合理、层次不同、统一和开放的市场体系，而土地市场是要素市场的基础市场。在社会上进行交换的所有商品成本中，都包含着土地租金的要素，不仅农产品价值和价格中都包含着农业地租的要素，即使工业品的价格中也必须把土地报酬纳入成本。土地市场上运行交换的是土地，土地的价格基本上是由地租确定的，即资本化的地租。不研究地租即无法确定土地价格，不确定土地价格，土地就无法在土地市场上进行交易，土地市场就难以建立。由此可见，地租理论是土地市场的深层次的理论基础，是社会主义市场经济理论中的一个重要的有机组成部分。随着土地有偿使用制度和土地市场的建立及发展，对社会主义地租理论的研究需要不断深入，从而指导房地产经济的可持续发展。

案例六　土地归谁所有，土地价格如何确定

材料 1　当代资本主义土地所有制

在现代市场经济条件下，资本主义土地所有制均为公私并存的混合型。从公私土地的不同比重划分，当代资本主义上地所有制可以分为两种模式：

（1）以美、日、德等国为代表的土地所有制。

在以美、日、德等国家为代表的国家，虽然也有国有、公有土地，在美国还有州有土地，但这类国家的国有、公有土地不仅所占比重小，而且多为山林地、沼泽、河川、荒野等经济价值不高的土地。其主要土地采取的是直接的私人和法人所有制。如美国私人土地占总面积的 58%，联邦和州两级公有土地占 42%。在日本，私人和法人土地占全国土地的 65%，而国有、公有土地合计占 35%，但后者土地资产价值只占日本全部土地资产总值的 6%。德国以土地私有制为主的现象更明显，政府官员、职工、企业、事业单位均有自己的土地，而在瑞典和荷兰，私人和企业的私有土地比重分别为 60%、80%以上。

对于土地权属，这些国家不仅土地的使用权可以买卖，而且土地的所有权也可以自由让渡。政府为维护私人土地所有者和使用者的权益，会对土地的买卖进行必要的调控管制，如对地产交易的数量、范围、对象和方式等都有明确的法律规定。在日本，政府结合公示地价实行土地买卖申请劝告制，即买卖当事人在交易一定限额的土地时，必须向政府申报地价和土地用途，经批准后方能成交。同时，在划定的土地转让限制区内还实行土地买卖许可证制度。在交易对象上，一些国家还对将土地出售给外国人实施了禁止规定或者范围、种类、数量的限定。多数国家的政府也都有权根据经济发展需要，依法征用私人土地，将其转变为公有。但实际上，土地交易价格还是根据土地市场上的供求关系来决定的。所以，美、日、德等国有土地所有制，是一种以全部土地产权为交易内容，以有偿让渡为条件，以国家调控和市场调节土地资源配置的模式。

（2）英国及英联邦国家和地区的土地所有制。

在英国及英联邦国家和地区中，土地基本上属于国家或政府所有，其特点是法定公有土地在其各自国土总面积中占大部分比重。如在英国，全部土

地法定统归政府所有。在加拿大，被称为皇家土地的联邦和省公有土地合计占国土面积的90%。而在新加坡、新西兰的国土面积中，国有、公有土地分别占80%、77%以上。

这些国家和地区的土地名义上基本属于国家或政府所有，但土地的使用权可以由政府按照不同的期限和规定的用途，出租给土地使用者；土地使用者可以根据契约规定转让土地使用权，或凭借土地使用权向银行抵押贷款；政府则可以在租出土地时收取土地出让金，即若干年土地使用权的价格，并在土地使用者转让土地使用权或经营房产时，征收与土地相关的税收等。在这种制度下，土地属于国家所有。为适应现代市场经济发展的要求，国家对土地不出卖所有权只出卖使用权，并且要按规定的期限和条件收回。很显然，这种土地所有制虽然是资本主义性质的，但与美、日、德等国的土地所有制有所不同，能够交易的并不是土地产业的全部内容，而只是限于土地使用权，并且是通过土地批租市场进行的。

总之，当代资本主义土地所有制的基本形态是混合型的土地所有制，资本主义各国的土地混合所有制是以私有制为本质特征的，从而构成了资本主义土地市场运行、发展的基本制度背景，决定了土地管理制度的性质、目的和任务。

材料2　我国土地所有制

我国社会主义土地公有制的建立，在农村通过以没收地主土地、废除封建土地所有制为内容的土地改革，然后采取了农业合作化的道路，使私有的土地转为集体所有，建立了农村土地的社会主义集体所有制。在城市，经过接收国民党政府的国有土地，没收官僚资本的地产，以及利用“地价税”这个经济杠杆收回了外国资本的地产，又经过公私合营将民族资本的地产变为国有，实现了城市土地的社会主义国家所有制。由此，根据我国所处的历史条件以及农民对土地所有权的要求，我国所建立的社会主义土地公有制采取的是国家所有和农民集体所有两种形式。

在传统计划经济体制下，我国的社会主义土地公有制表现为：一是以高度集中管理、无偿分配使用为特征的城市土地国有制；二是以集中劳动、统一经营为特征的农村土地集体所有制。

适应经济体制转轨的要求，我国的土地产权制度发生了重大变革。1980年《国务院关于中外合营企业建设用地的暂行规定》中指出：“中外合营企业用地，不论新征用地，还是利用原有企业场地，都应计收场地使用费。”

这是改革开放以来，国家首次提出对土地使用实行收费的规定。1988 年全国人民代表大会对《宪法》进行了修改，确定了“土地使用权可以依照法律的规定转让”。1990 年，国务院正式颁布《中华人民共和国城镇国有土地使用权出让和转让暂行条例》，对国有土地控用权流转方式和使用期限等做了具体规定。这些法规与制度的调整，最终确立了国有土地的所有权与使用权分离，从而为国有土地使用权的资本运营提供了重要的理论依据和法律保障。1998 年 8 月，第九届全国人大常委会第四次会议审议修订通过《中华人民共和国土地管理法》，其中规定：“以出让等有偿使用方式取得国有土地使用权。”这就为土地有偿使用形式多样化留下了法律空间。

由此，改革后的城市国有土地使用制度的特点是，在不改变城市土地国家所有制的前提下，使土地使用权作为一项独立的财产权从所有权中分离出来，可以用于出售、互换、赠与、出租和抵押，对土地使用权实行商品化经营。这种新的城市土地使用制度，对于宏观调控土地供应、保护耕地，加强城市建设、旧区改造，优化土地配置，提高土地利用效率，以及推动城市经济的发展和社会主义市场经济的建立，具有重要的作用。

农村现行的土地制度，主要以土地的农民集体所有，由集体经济组织的成员承包经营为特征。这种土地承包制，是指农户与集体经济组织签订合同，使承包使用土地的责、权、利相结合的一种土地经营和耕作方式。它实行了土地等基本生产资料社会主义公有制和农户自筹资金经营相结合。

农户对所承包的集体耕地，只有使用权，没有所有权。农地使用权应包括：①排他性占有权，农户在规定的租期内其使用土地的权力不受侵犯。②开发权，在租期内有权优化土地配置，提高土地产出价值，并获得应有的利益。③买卖权，农民可依法出售土地使用权，获得一定收益。④租赁权、抵押权，农户可以把使用权出租或作抵押获得贷款。⑤继承权，土地使用权可以依法继承。承包农户对土地的使用权延长 30 年不变，从而有利于农户利用自筹资金在土地追加投资，进行长期经营。

农民集体经济凭借土地等基本生产资料的所有权，要求承包农户缴纳集体提留和租金，并把土地承包和租金与土地的数量、质量挂钩，将土地承包租金主要用于土地建设。土地承包制在现阶段，表现为以家庭联产承包为基础、统分结合的双层经营体制，即集体统一经营和承包农户分散经营相结合，这是我国农村集体经济的一项基本制度。同时，农户在承包期内可依法、自愿、有偿流转土地承包经营权，完善流转办法，逐步发展适度规模经营。

简言之，我国实行的是社会主义土地公有制。按我国现行法律规定，城市市区的土地属于国家所有。农村和城市郊区的土地，除由法律规定属于国家所有的以外，属于农民集体所有；宅基地和自留地、自留山，属于农民集体所有。并且，国有土地由拥有所有权的国家通过其代理人（授权土地管理部门），主要采取有期限、有偿、有流动的使用方式，将土地使用权直接出让给土地开发经营单位或建设用地单位；农村集体土地用于建设，改革现有的合法用途，需要通过征地的形式变为国有土地后才能进行出让。

社会主义土地公有制，既是现代市场经济，尤其是城市经济现代化发展的客观要求，又为土地的集中计划管理、提高土地配置效率及集约经营奠定了制度基础。市场经济并不否定土地公有制，市场经济要求的是建立与其相适应的土地产权制度，即土地产权主体多元化，各个土地产权主体之间的产权关系明确化，土地产权交易中的公平原则和各利益主体之间的利益关系明晰化。在土地公有条件下，土地产权关系明晰和管理科学，就能够较好地实现土地资源配置的合理化和土地收益的最大化。

材料3　不同土地所有权形态下的地租

在不同土地所有制下，地租有不同的表现形式。历史上先后产生了封建地租、资本主义地租与社会主义地租。

封建地租是以封建土地私有制为前提，并在不同程度上有超经济的强制关系，即与农民对地主人身依附关系相联系。封建地租是地主对农奴或农民进行直接剥削的形式，无论是劳役地租、实物地租，还是货币地租，在数量上一般包括农民的全部剩余劳动或剩余产品，有时甚至包括农民相当大的一部分必要劳动产品。因此，封建地租所反映的是封建地主阶级同农民之间被剥削的关系。

资本主义地租是以资本主义土地私有制为前提的，它建立在剥削有人身自由的雇佣工人基础之上。劳动者摆脱了对地主的人身依附关系，无论是土地所有者和农业、工商业资本家之间，还是农业、工商业资本家和雇佣工人之间，都只是纯粹经济上的契约关系。在资本主义条件下，农业资本家向土地所有者租赁土地，雇用农业工人耕种，向土地所有者缴纳地租。所以资本主义地租，是农业资本家由于租用土地而缴给土地所有者的超过平均利润的那部分剩余价值，体现着土地所有者、农业资本家、农业工人三者之间的经济关系。

虽然在资本主义社会，地租不仅存在于农业，而且存在于土地上的其他经营，如建筑地段、矿山等，但在地租的决定上，农业地租是基础，具有一般性，因此，必须把地租和租金进行严格区分。真正意义上的地租是指单纯为使用土地本身而支付的货币金额，以超额利润为限。而租金是指租佃资本家在一定期限内向土地所有者缴纳的全部货币金额，除包括真正意义上的地租外，还包括土地资本折旧与利息，甚至可能包括一部分利润和工资的扣除（这里讲的租金与我国土地承包租金的含义不同）。同时还应区分土地和土地资本。土地资本是指投入土地，固定在土地上与土地合并的资本。这种资本在短期即可收回，如施肥、化学性质的改良等；有的长期才能收回，如修水渠、建造经营建筑物业等。投入土地的这部分资本，不仅要按期收回，还要取得利息。显然，真正的地租和土地资本的利息也是有差别的。

在社会主义初级阶段，土地虽属于国家或集体公有，但仍旧需要交给企业和个人去使用，土地的所有权与使用权也是分离的。由于在现代市场经济条件下，国家、国有企业和劳动者个人三者在土地的所有权、经营和使用上，既有共同利益，又存在着各自利益，因而无论是企业，还是个人使用土地都必须缴纳地租；否则，土地公有权就不能从经济上得到实现。取消地租或使用土地而不缴纳地租，就意味着否认土地公有权的存在。其结果会造成土地资源难以优化配置，或是将土地优越位置带来的巨额超额利润转化为占有优等土地的企业或个人的收益。这既不利于调动企业和个人经营的积极性和促进市场竞争，也不能促进土地资源的可持续利用。

建立在社会主义土地公有制基础上的社会主义地租，是社会主义联合劳动者经济利益的实现，体现了国家、集体与土地经营者和使用者之间的经济关系。地租上缴国家，作为国家财政收入，最终用于社会主义建设和提高人民的生活水平与环境质量。

案例讨论

1. 资本主义土地所有制有几种基本模式？其基本特点是什么？

2. 计划经济体制下，我国的土地所有制有什么特点？我国改革后的国有土地使用制度及农村土地制度有什么特点？

3. 封建地租和资本主义地租的特点是什么？

4. 改革开放以后，我国为什么对城市土地征收使用费，并按不同地段确定不同的收费标准？

第八章　资本主义再生产和经济危机

引言：党的十九大以来，习近平总书记多次讲到，当今世界正经历百年未有之大变局。当前，新冠肺炎疫情全球大流行使这个大变局加速变化，保护主义、单边主义上升，世界经济低迷，全球产业链、供应链因非经济因素而面临冲击，国际经济、科技、文化、安全、政治等格局都在发生深刻调整，世界进入动荡变革期。今后一个时期，我们将面对更多逆风逆水的外部环境，必须做好应对一系列新的风险挑战的准备。国内发展环境也经历着深刻变化。我国已进入高质量发展阶段，社会主要矛盾已经转化为人民日益增长的美好生活需要和不平衡不充分的发展之间的矛盾，人均国内生产总值达到1万美元，城镇化率超过60%，中等收入群体超过4亿人，人民对美好生活的要求不断提高。我国制度优势显著，治理效能提升，经济长期向好，物质基础雄厚，人力资源丰厚，市场空间广阔，发展韧性强大，社会大局稳定，继续发展具有多方面优势和条件。同时，我国发展不平衡不充分问题仍然突出，创新能力不适应高质量发展要求，农业基础还不稳固，城乡区域发展和收入分配差距较大，生态环保任重道远，民生保障存在短板，社会治理还有弱项。总之，进入新发展阶段，国内外环境的深刻变化既带来了一系列新机遇，也带来一系列新挑战，是危机并存、危中有机、危可转机。我们要辩证认识和把握国内外大势，统筹中华民族伟大复兴战略全局和世界百年未有之大变局，深刻认识我国社会主要矛盾发展变化带来的新特征新要求，深刻认识错综复杂的国际环境带来的新矛盾新挑战，增强机遇意识和风险意识，准确识变、科学应变、主动求变，勇于开顶风船，善于转危为机，努力实现更高质量、更有效率、更加公平、更可持续、更为安全的发展。① 基于此，本章将结合习近平同志的论述，选择若干案例进行分析和探讨。

① 习近平. 在经济社会领域专家座谈会上的讲话［EB/OL］.（2020-08-24）［2021-03-03］. http://www.xinhuanet.com/2020-08/24/c_1126407772.htm.

案例一　社会发展的历史趋势

材料 1

表 8-1 展示了人类社会发展经历的历史时代。

表 8-1　人类社会发展经历的历史时代

历史时代		农业经济时代	工业经济时代	知识经济时代
主要生产工具		手工工具	机械设备	智能工具
最主要经济资源		土地	资本	知识
主导生产技术		经验	大规模流水线	网络化分散生产
主导生产方式		自给自足	分工与交换	按需生产
主导产业		农业	制造业	知识产业
产业结构	农业	90%以上	50%以下	10%以下
	工业	50%以内	50%以上	40%以上
	知识产业	—	—	60%以上
市场特征	范围	村落	区域	全球
	流量	小	不断增长	快速多变
利润主要来源		劳动	科技、规模、管理	创新
从业人员	农民	90%以上	5%~20%	3%以下
	蓝领工人	—	50%以上	30%以下
	知识工人	—	50%以下	50%以上
主要工作场所		村落	地区、国家	无地理限制
社会掌权主体		君主、地主	资本所有者	知识所有者
经济转型时间		—	300 年	50 年

材料 2

表 8-2 展示了我国 R&D① 与美、日的对比情况。

① 即 research and development，指在科学技术领域，为增加知识总量（包括人类文化和社会知识的总量），以及运用这些知识去创造新的应用进行的系统的创造性的活动，包括基础研究、应用研究、试验发展三类活动，可译为“研究与开发”。

表 8-2　我国 R&D 与美、日的对比情况

国家	年份	R&D	占 GDP 比重/%
美国	1993	1 607 亿美元	2.45
日本	1999	147 105 亿日元	3.12
中国	2002	1 287 亿人民币	1.23

案例讨论

1. 社会发展的未来趋势是什么？

2. 我国知识经济发展有哪些不足？

3. 我国应怎样迎接未来社会发展的挑战？

案例二　美国经济的短期衰退

1992 年以来，美国经济进入新一轮商业周期的扩张期，经历了二战之后长达 107 个月的经济扩张，出现了经济大繁荣。1992—2000 年，美国经济年平均增长率为 3.8%，通货膨胀率大体保持在 2%～3%，失业率大幅度下降，就业增长率相对比较高，公司利润有较大增长。但是，美国很快转入经济衰退。美国在 2000 年年初经济开始下滑，并于 2001 年 3 月进入经济衰退期。美国国家经济研究局认为 2001 年 3 月，美国经济就已步入衰退。根据美国商务部于 2002 年 7 月 31 日公布的新的修正统计数据，2001 年第一季度 GDP 增长率为-0.6%，第二季度 GDP 增长率是-1.6%，第三季度 GDP 增长率为-0.3%，第四季度 GDP 增长率则为 2.7%，可见 2001 年美国 GDP 出现了连续三个季度的负增长，其经济已陷入衰退。2001 年美国经济增长率仅为 0.3%，远低于早先预测的 1.3%，与 2000 年超过 4%的经济增长相比，更是出现了明显的落差。美国经济衰退的主要导因是发生了高新技术危机和经济周期危机以及发生了人们没有预料到的“9・11”事件，使美国民众和投资者产生了“安全危机”，进一步打击了消费和投资欲望，使美国经济“软着陆”的希望彻底破灭，并造成多方面的负面影响。但此次美国经济衰退与二战后所发生的历次经济危机相比，其特点是经济衰退与生产率增长并存；失业率增加与雇员实际工资上升并存；清理商品库存积压速度加快；经济复苏与股市下跌相伴随。美国经济研究局 2002 年 2 月发表的报告

也认为，由于劳动生产率持续提高，因此，此次经济衰退比较温和。

案例讨论

1. 为什么当代科学技术迅猛发展，经济全球化浪潮汹涌，而资本主义国家经济危机的爆发仍然不可避免？

2. 当代资本主义经济危机与再生产周期有什么新特点？

案例三　惠普与康柏合并

2001 年 9 月 3 日，全球著名电脑生产企业惠普公司与康柏公司宣布合并，成立“新惠普”，震动了世界电脑业。惠普是计算和成像解决方案与服务提供商，2000 年的持续运营收入总值达 488 亿美元。康柏是从事硬件、软件、解决方案和服务的企业，2000 年销售额为 400 亿美元。这两家公司的合并，将导致一家年营业收入高达 870 亿美元的巨型公司出现，同时，其资产也将攀升至 564 亿美元。

但是，这起被普遍看好的合并案遇到了一连串的麻烦。惠普创始人威廉·惠勒特的儿子沃特·惠勒特挑头出来叫板，他联合公司两位创始人的后裔，公开反对合并。由于反对派和赞成派势均力敌，最后该公司不得不于 2002 年 3 月 19 日举行特别大会，让股东代理人投票表决。投票初步结果是总裁兼首席执行官卡莱顿·菲奥莉娜为首的赞成派以微弱优势占了上风。然而惠勒特仍不服输，投票没过 10 天，就一纸诉状将惠普管理层告上了特拉华州法庭，指控惠普管理层以“不正当手段”和“误导”取得选票，要求法官判决部分或所有的投票作废，或者再次举行投票。4 月 30 日，法官经过 3 天的开庭审理，做出了裁决，认为惠勒特指控惠普以威胁手段拉赞成票、向投资者谎报合并进程等不能成立。“证据表明惠普有关合并的声明是真实、完整和可信的。”5 月 1 日，惠普公司宣布，经独立的审查公司统计，公司股东 3 月 19 日投票的正式结果是 51%赞成合并，48%反对。

惠普与康柏合并已经得到了美国、欧盟有关监管机构的批准，尽管美国证券交易委员会和纽约联邦检察官目前对惠普管理层“拉票”的做法还在调查，但特拉华州法官的裁决显然将产生重要影响，调查基本上不会阻碍这桩买卖。按计划，惠普与康柏的合并于 2002 年 5 月 7 日正式开始。合并后的“新惠普”在个人电脑、服务器等方面都将成为世界第一大制造商，对戴尔、IBM、太阳微系统、盖特威等公司将造成强大冲击。“新惠普”营销活动遍及160多个国家和地区，拥有上千家分公司和几十万家分销商，成为雄踞世界电脑硬件业的巨头之一。菲奥莉娜宣称，“新惠普”的管理成本将会节省25亿美元，赢利将会增加12%。

案例讨论

1. 你认为惠普公司内部对合并持赞成和反对的意见会有哪些?
2. 你认为“新惠普”的前景会如何?
3. 惠普与康柏合并对我们有哪些启示?

案例评析

（1）惠普与康柏合并，既具有积极的意义，又具有一些不确定性。就积极意义而言，这几年全球的IT产业，在经历了剧烈的起伏后，开始进入了价值回归的过程。面对竞争日益激烈的市场，管理的高效益，资源的优化组合，重复投入的缩减，过度竞争的消除，成为企业生存的必要条件。因此，合并是同类型行业能够考虑的主要解决方案之一。惠普与康柏选择的就是这样一条路。这也是资本市场在成熟时期，在品牌和资本相对独立的情况下，资本所能够发挥的一种对资源进行优化配置的结果。同时，这种合并并不是以消灭竞争为目的，可能这也是美国和欧盟都能容忍这种“巨无霸”形成的原因。因为毕竟合并后，市场上的竞争仍然激烈地存在着。而且这种实际发源于市场规律的自发主动的调整，本身就是一种生存的蜕变和进化，为未来信息产业的发展主动营造出了更广阔的、有跨度的跳跃空间，IT前景会更加美好。

（2）但是，“新惠普”面临的也并非一路坦途。首先是投资者是否认同。自2001年9月3日宣布合并消息后，两家公司就受到了华尔街的“冷遇”，股价一直在下落，250亿美元的合并案如今缩水为184亿美元。其次是“新惠普”当务之急是要在两年内裁员1.5万，确定哪些生产线、服务保留，哪些终止，一步都错不得。再次，两公司文化差异能否弥合。惠普是传统型公司，而康柏是开拓型企业，两家公司的产品有所重叠，经营理念和管理方式又有诸多不同，如何打造“新惠普”绝非一日之功。最后，“新惠普”能否免受“大企业病”的拖累。在美国，巨型公司合并成功的有之，但失败的更多。前两年，美国电话电报公司曾东兼西并，结果落得个一分为四的下场，最近该公司的有线网还成了别家公司的财产；一年半以前，美国在线与时代华纳合并创造了美国历史上最大的合并案，可2002年第一季度竟亏损542亿美元，创下了美国历史上企业季度亏损的最高记录。因而，“新惠普”的前景究竟如何，仍是一个需要时间解开的谜。

案例四　美国的产业结构演变

从独立到南北战争前的农业经济时代，美国大的产业格局未发生明显变化，农业、特别是南部的农业在美国经济中居于主导地位。到18世纪末，仍有约90%的美国人以农业收入为主要收入来源。到南北战争前夕，美国仍有80%以上的农村人口，农业贡献了其国民收入的30. 8%，而同期制造业对国民收入的贡献则仅为12. 1%。从产值的角度来看，美国从独立到南北战争前，农业的主导地位明显。虽然这一时期美国第一产业和第二产业的产值比在总体上呈下降趋势，但是第一产业相对第二产业始终具有绝对优势。数据显示，18世纪末美国第一产业的产值为第二产业的3倍多，直到南北战争爆发，其第一产业的产值仍超过第二产业的产值近40%。

1884年，美国的工业产值占比超过农业。这主要归功于美国在第一次世界大战和第二次世界大战中大发战争横财，战时的中央管制经济以及两次世界大战之间为应对经济危机的罗斯福新政，使“看得见的手”在美国发挥了前所未有的重要作用，极大地促进了工业特别是制造业的发展。据统计，1884年美国工业总产值首次超过农业总产值，占GDP的一半以上，1890年上升为农业总产值的3倍；19世纪末（1894年）一跃成为全球第一工业大国，其制造业产值到第一次世界大战前更是超过英、法、德三国制造业产值的总和；1913年，美国工业总产值达到世界的1/3（20世纪20年代其增幅高达50%）。

第二次世界大战结束后，美国进入了后工业化时代。其经济稳定的最主要原因是产业结构的相对稳定。成熟的工业经济是服务业替代制造业成为主导产业的重要推动力。在这一时期，农业和制造业的地位相对下降，而服务业逐渐占据主导地位，“三二一”产业结构正式形成。这种“三二一”的产业结构与后工业化时代的经济发展要求相符，不仅为各产业的发展创造了良好的外部条件，促进了产业效率的提高；而且有利于国民经济各部门之间的协调，提升了整体经济效益。然而，在20世纪60年代出现的混合兼并浪潮，使一些大企业在生产上日趋多元化。在主导产业更替的过程中，虚拟经济的迅速发展成为一大特点。如果以制造业、建筑业和交通运输业代表实体经济，以金融业和房地产业代表虚拟经济，美国实体经济在GDP中所占的比重由1950年的61.78%下降为1970年的49.96%，到1980年上升为74.75%；而虚拟经济在GDP中所占的比重则由1950年的11.37%上升到1980年的15.86%。由此可见，尽管这一时期出现了虚拟经济上升而实体经济下降的趋势，但从总体上看，二者并未失衡，仍处于一个较为稳定的结构。至于导致制造业相对衰落的主要原因，则主要是制造业的对外转移和德国与日本等国制造业的崛起。

20世纪70年代末至20世纪80年代初，美国经济遭遇发展瓶颈。传统支柱产业如汽车工业和钢铁工业等在国际竞争中丧失了优势；半导体工业等当时的高技术产业的国际竞争力持续下降；全要素劳动生产率也不断下降。为此，自20世纪80年代起，美国进行了产业结构调整，促使知识密集型产业大量涌现并不断壮大，开始进入知识经济时代，信息技术产业成为新的主导产业。从增加值来看，这一时期美国的信息及相关产业获得了跨越式的发展。1980—2008年，美国信息技术产业的增加值持续显著提高。其中信息的增加值在1980年接近1 200亿美元，到1986年超过了2 000亿美元，到1998年超过了4 000亿美元，到2007年则超过7 000亿美元，即在不到30年的时间里翻了2.5番。

这一时期，美国经济呈现出显著的产业结构软化趋势。一方面，农业和制造业的比重继续下降，服务业的比重不断提高，即经济服务化进一步加强；另一方面，高新技术产业化和传统产业高技术化，对产业结构和产业内部结构产生了双重影响，推动了产业结构进一步升级。随着国际分工的不断深化、制造业对外转移的加速以及金融业的发展特别是金融创新发展的加快，在美元霸权的推动下，美国产业结构的空心化开始加剧，虚拟经济脱离实体经济过度膨胀，为经济发展埋下了隐患。

案例讨论

1. 分析经济发展与产业结构变革关系。
2. 结合实际，说明产业结构变化的一般规律。

案例评析

从美国产业结构的历史演变中，可以得到如下结论：

从现代经济增长的角度来看，产业结构的演变与发展，基本上遵循第一产业产值的比重逐渐减少，而第二产业和第三产业的产值比重逐步增加的这一规律。这实际上对应的是人类社会逐步经由农业社会向工业社会的过渡与转变，而后又经由工业化的中后期，进入以第三产业为主导的信息社会或称知识时代。美国作为20世纪以来发达国家的主要代表，其产业结构的历史演进也符合这一规律。从经济总量增长的角度来看，第一产业的重要性已经降至末位；而随着20世纪80年代以来经济全球化进程的加快和制造业的向外转移，工业部门在美国经济增长中的地位也逐步下降，直到后来出现的“产业空心化”问题以及对金融创新和虚拟经济的过度依赖。

如同配第-克拉克定律、库兹涅茨法则、霍夫曼工业化经验法则、钱纳里工业化阶段理论、罗斯托的主导产业理论以及赤松要的“雁行形态论”理论所揭示的那样，从总体上看，美国产业结构的演进遵循着“劳动密集型—资本密集型—技术密集型”的现代化和高级化的一般规律。在产业结构现代化和高级化的过程中，资源禀赋、分工状况、贸易条件、市场规模以及需求结构等因素都起到了不可忽视的作用；而科技进步则是其中最为关键的因素。科技进步不仅是历次主导产业更替的推动力，而且深刻影响着不同时期各个产业的发展。在经济全球化时代，美国产业结构的演进呈现出明显的特殊性，即具备了独特的优势，并且得以维持失衡状态下的经济增长。特别是大国开放条件下美元霸权的产生和存在、产业空心化的发生和维系、脱实向虚的起始和深化等问题，不仅是全球金融危机产生的原因，更是危机后美国进行产业结构调整的指向。

资料来源：田野. 全球金融危机后美国产业结构的调整与变化［D］. 吉林：吉林大学，2020.

第九章　资本主义的历史地位和发展趋势

引言：世界格局正处在加快演变的历史进程之中，产生了大量深刻复杂的现实问题，提出了大量亟待回答的理论课题。这就需要我们加强对当代资本主义的研究，分析把握其出现的各种变化及其本质，深化对资本主义和国际政治经济关系深刻复杂变化的规律性认识。当代世界马克思主义思潮，一个很重要的特点就是他们中很多人对资本主义结构性矛盾以及生产方式矛盾、阶级矛盾、社会矛盾等进行了批判性揭示，对资本主义危机、资本主义演进过程、资本主义新形态及本质进行了深入分析。这些观点有助于我们正确认识资本主义发展趋势和命运，准确把握当代资本主义新变化新特征，加深对当代资本主义变化趋势的理解。对国外马克思主义研究新成果，我们要密切关注和研究，有分析、有鉴别，既不能采取一概排斥的态度，也不能搞全盘照搬。同时，我们要坚持把自己的事情办好，不断发展中国特色社会主义，不断壮大我国综合国力，充分展示我国社会主义制度的优越性。①

案例一　当代资本主义陷入了系统性危机

第二次世界大战结束以来，资本主义经济的发展有喜有忧。“喜”主要表现为20世纪50—70年代的黄金发展时期和20世纪90年代的新经济时期，“忧”主要体现为20世纪70年代末80年代初的滞胀危机和2008年以来的国际金融危机。从西方主要国家发展的历史进程和未来趋势来看，资本主义制度已然“体质衰退”且“造血功能不足”，突出表现为集团内部矛盾日益激化，比如在2017年的西方七国首脑会议（简称G7峰会）上，成员

① 习近平主持中共中央政治局第四十三次集体学习［EB/OL］.（2017-09-29）［2021-03-04］. http://www.gov.cn/xinwen/2017-09/29/content_5228629.htm.

国在贸易、气候等问题上意见分歧明显，特别是特朗普政府不顾诸多国家的强烈反对，断然退出《巴黎协定》。马克思主义政治经济学认为，以私有制为内核的资本主义制度本质上是维护资本家利益的，资源的配置以资本追求最大剩余价值为导向，尽管第四次工业革命正孕育爆发，但它并不能从根本上改变资本主义制度的腐朽性及其所存在的系统性危机。

（一）当代资本主义危机的新变化

1. 结构性经济危机日益突出，生产过剩与生产不足同时并存

结构性经济危机于20世纪下半叶逐渐形成并在最近20年频繁出现，具体是指由于不同生产部门、生产性企业和非生产性企业等之间的平衡比例被打破，经济内在稳定增长的机制受到阻碍而形成经济危机，它表现为有些部门生产过剩、有些部门生产不足。以美国为例，自从去工业化出现后，传统的冶炼、纺织、橡胶等部门生产萎靡不振，而像集成电路、电子信息等高科技部门生产势头迅猛。持续时间长、生产要素在不同部门的门槛约束高、资产专用性强等致使结构性经济危机的影响恶劣，导致所有应对之策都需以较强的阵痛为代价。另外，结构性经济危机往往会与传统周期性经济危机相融合，致使绝对过剩和相对过剩并行发生作用，极大地加剧了结构性经济危机的恶劣影响。

2. 经济危机与政治、社会、文化、生态等互相交织，形成系统性危机

当代资本主义危机已从传统相对独立的局部性危机转变为错综复杂的系统性危机，其中经济危机对上层建筑危机的传导力和渗透力更强。近30年来，“历史终结论”的判断由被盲目吹捧转向被广泛质疑，这是源于系统性危机的爆发。特别地，2008年国际金融危机已经引起了诸多领域的反应，例如，华尔街与民主政治丑闻、社会福利削减与难民危机、新教伦理信仰受质疑、不可逆转的环境灾难等，即使是西方的一些学者也认为，当前系统性危机只能从改变资本主义生产方式、变革资本主义制度角度寻求对策，以山村耕造为保守主义代表提出的“系统性变革”是一剂触及资本主义基本制度的猛药。

3. 当代资本主义危机波及范围更广，全球范围内的金融掠夺成为常态

当代资本主义是国家垄断资本主义，其中金融资本发挥了不可替代的作用。在国际分工深化的背景之下，金融资本将触角伸向了全世界几乎所有角落，致使资本主义危机容易诱发为世界性危机。沃勒斯坦的世界体系理论深刻揭示了在“中心—半边缘—边缘”格局下资本主义危机波及范围的传导路径。货币滥发、恶意套汇、期货做空等金融掠夺行为成为大资本家维护自

身利益的常用手法，墨西哥金融危机、亚洲金融危机、次贷危机、量化宽松政策就是典型例证。当代资本主义危机波及范围更广的一个新变化是缘于以下事实，即西方国家和国际金融组织长期向发展中国家施压，要求放开资本账户和利率自由化，这加剧了主权国家和世界金融格局的不稳定性和潜在危机。

4. 新一轮军备扩张开始，地缘政治冲突加剧

在寻求应对当代资本主义危机的解决之道上，西方国家逐渐走上与世界人民福祉相悖的道路。冷战结束后新一轮军事扩张和竞赛重新抬头，2018年度美国基本国防预算总额高达6 390亿美元，这无疑会加剧地缘政治和军事冲突。世界经济史表明，军事战争是打乱现行秩序、重新洗牌的最直接的方式，也是转嫁国内经济危机的最后一根救命稻草，历史上重要的军事战争背后无不夹杂着经济危机。当经济危机升级为系统性危机时，以牺牲他国利益为导向的策略便极容易转为军事冲突。近些年来，美国重返亚太战略、南海仲裁案、日本强行通过安保法案等事件很大程度与此相关，这些行为加剧了地缘政治和军事风险，损害了有关主权国家利益，违背世界人民发展意愿。霸权主义只会加剧危机，世界各国应该秉持求同存异，寻求合作共赢，推动世界和平稳定发展。

（二）当代资本主义面临的困境

1.“资本+市场”双重逻辑主导，新自由主义受到广泛质疑

当代资本主义的首要特征是“资本+市场”双重逻辑主导下的新自由主义泛滥。新自由主义兴起于滞胀危机时期，代表有货币主义学派、供给学派、理性预期学派、实际经济周期学派、新制度主义经济学派等，它们在理论上都主张市场自由放任并认为国家干预是无效的。20世纪90年代初，拉丁美洲国家奉行“华盛顿共识”原则进行改革，结果陷入了持久性的经济危机，至今也未能走出泥潭。在资本主义国家内部，新自由主义一方面扫清资本逐利的障碍，增强了资本张力；另一方面兜售“市场万能论”的伪科学学说，降低政府对市场的监管力度和国家干预的公信力，最终导致2008年国际金融危机爆发时极其迅猛，危害也十分深远。

2. 非生产性部门日益庞大，金融资本过度膨胀

当代资本主义危机的另一个特征是金融资本过度膨胀，非生产性部门机构庞大，并与实体经济脱节严重。英国著名左翼经济学家考斯达斯·拉帕维查斯认为，当代资本主义大型企业积累资金自有化加速，加之非生产性领域获利空间暴增，金融机构独立于生产性企业增长迅速，且具有强烈的内在动

力制造金融泡沫。金融垄断是当今世界体系的重心，以华尔街为代表的金融垄断集团所掌握巨额的社会财富在使贫富两极分化时也诱发了巨大的社会危机，而其政治上不断增强的控制力也引发了合法性危机和信任危机。特别是随着21世纪世界互联网的迅猛发展，互联网金融成为金融资本全球扩张新的形态，但是，如果脱离了实体经济的支撑，互联网金融依然不可能长久促进经济增长，相反，只会加速危机的蔓延。

3. 主权债务危机井喷，高福利模式不可为继

当代资本主义危机对基本体制的冲击严重，特别是对各国高福利的社会保障体系有明显的破坏作用。当前包括美国和欧盟主要国家在内的西方政府普遍面临着财政悬崖问题，导致债务危机加重。例如，特朗普政府减税政策加剧了赤字危机；欧洲从“摇篮到坟墓”的福利体系也已经被打破；欧盟不得不对公共支出进行大刀阔斧改革，尤其是在削减不切实际的福利支出上幅度较强。2009年德国政府颁布《新债务限额》和2010年议会一揽子节约措施都力图削减社会福利开支；2014年法国总理瓦尔斯公布计划在医疗福利和社会保障福利上削减共计210亿欧元的支出，再加上移民、难民危机等问题，这些国家社会稳定受到打击，高福利模式不可为继成了必然，但如何改革却面临多重困难。

4. 当代资本主义危机应对之策匮乏，未来走向扑朔迷离

近年来，资本主义国家遭遇到了前所未有的困境，即应对危机之策乏善可陈，能够产生积极效果的政策更是寥寥无几。货币宽松造成通货膨胀、维持社会福利增加债务危机、税制改革激化社会矛盾、科技创新加剧结构性失衡等矛盾导致资本主义国家面临着何去何从的根本性问题。对于资本主义的未来走向，有学者总结出了五种基本观点，分别为自由竞争资本主义、国家干预资本主义、民主社会主义、工业资本主义和社会主义。从历史进程视角来看，前三种模式已被或正被证明不可行，美国“再工业化”战略收效甚微则表明工业资本主义也存在着较大不确定性，因此，社会主义属性越来越突出将很有可能是未来资本主义国家的一个重要特征。但是，只要资本主义的生产资料私有制不改变，试图借助内力和外力进行的自我调节式的改良主义就不可能从根本上解决当代资本主义存在的系统性危机。

（三）积极应对资本主义危机带来的挑战

1. 全面提升经济发展质量

首先是加快产业结构升级，调整产业布局，努力打造具有国际竞争力的现代服务业和制造业，积极承接国际外包，利用“互联网+”和信息革命带

来的机遇，不断提升产业附加值。

其次是要加大创新力度，积极寻求经济增长新引擎、新动力；同时需要努力做好内需市场的拓展和挖掘，适当地将东部沿海发达地区过剩的生产要素和优惠政策向中西部地区调整，以达到平衡发展。

再次是理直气壮地做强做优做大国有企业。国有企业绝非天然低效率，它面临的主要问题是管理模式和转型升级，应该积极调动企业人员和各类要素的活力，深化体制机制改革，实现国有资产保值增值。做强做优做大国有企业是提升中国特色社会主义市场经济发展质量的关键之举。

最后是要实施稳健的货币政策，合理控制货币发行，妥善引导资金市场流向。一方面，受全球宽松货币政策和国内经济形势影响，我国 M2 货币发行增长幅度较大，M2 占经济总量比规模较大，在某种程度上不利于我国经济长期发展；另一方面，货币在实体经济平均利润率不太乐观的背景下容易流向房地产市场、股票市场和证券市场，从而可能增加经济泡沫和金融风险。

2. 积极构建区域经济合作

正视经济全球化的影响，权衡利弊是我国坚持对外开放取得成功的关键。改革开放以来，我国不断参与世界分工，通过与境外国家和地区的合作往来，通过对外贸易合作弥补了资金不足、技术落后、管理不先进等问题，促进了国内经济发展。新时期，为了进一步深化对外开放水平，我国提出了构建区域经济合作，不断打造自由贸易区平台等战略举措，并取得了积极的成果。当前我国已与境外 22 个国家和地区签署自贸协定 14 个，并有多个正在谈判和研究的自贸区。“一带一路”倡议的提出和亚洲基础设施投资银行的成立则标志着中国在区域经济合作上角色发生变化，中国正从被动地参与国际和区域经济建设转向主动地融入经济全球化，实现了从“参与者”向“倡导者、领导者”转变。杭州二十国集团（G20）峰会“构建创新、活力、联动、包容的世界经济”主题正是中国区域经济合作理念的深刻写照。事实证明，只有坚持互利共赢、共同发展才是符合人类命运共同体的正义之道。

3. 加强经济主权安全保护

国家经济主权完整是争取国际平等对话权的基础，也是维持经济长治久安的保障。第二次世界大战以后，资本主义国家一方面通过金融和外汇市场等经济手段打开他国市场，另一方面又依靠政治和军事等非经济手段迫使他国在经济主权上做出让步，这些都不利于一些国家的经济发展。近年来，以美国为首的西方发达国家企图通过不承认我国的市场经济地位，逼迫中国完全开放资本账户；以量化宽松和其他手段强迫人民币升值，企图篡夺人民币定价权；另外境外热钱和对冲基金虎视中国资本市场，对我国经济主权安全极为不利。应该着力从以下几方面做好经济主权安全：首先，将经济发展目标做好短期与长期相结合，以人民为中心，不能盲目迷信国外的技术、市场和经济政策；其次，要加强对在华境内外国公司的管理，并做好我国企业境外投资的安全保护；再次，要培养相关法律人才，加强在出现国际争端和贸易摩擦时对我国正当利益的保护；最后，要控制境内重要的自然资源出口。

4. 重点防范外部风险渗入

外部风险渗入是我国当前及未来一段时间面临的重要问题，防患于未然才能维持社会经济发展的健康运行。对外部风险的控制和预防应该做好四点工作：首先，全面展开我国对外投资与合作项目的风险评估，特别是对社会不稳定、军事冲突、恐怖主义泛滥的地区设置明显的警戒线，尽量避免在上述地区进行经济活动；其次，谨慎引进外资、技术、企业，加强对涉外事务活动的管理监督，提升对境外企业在华收购、合并行为的审查能力，必要时启动双方经济往来的隔离机制；再次，要做好应急机制建设，特别是应该及时掌握发达国家和与我国经济贸易往来密切国家的经济政策动向，形成多套方案应对可预期和不可预期因素可能产生的影响；最后，与相关国共同建设风险防范和控制平台，共享风险监测及预警信息，从而实现有效联动和快速处置。

资料来源：卢江. 当代资本主义陷入了系统性危机［J］. 红旗文稿，2017（14）：18-20.

案例讨论

1. 当代资本主义发展出现了哪些新情况、新变化？
2. 资本主义体制的内在矛盾在当代有何表现？
3. 举例说明资本主义发生的系统性危机的其他表现形式。

案例二 美国正在衰落吗

美国正在衰落，不过不是自身实力的衰退，相反，笔者认为，美国实力在不断增强中。美国的衰落，主要是其霸主地位的衰落，是其统治力的衰落。简而言之，不是美国变弱了，而是世界其他国家发展起来了，逐渐缩小了与美国的差距。在“冷战”结束之前，美国的统治力是强大的，对世界有绝对的支配权。而两极格局结束后，世界各国普遍获得了发展，美国虽然仍是世界唯一超级大国，但是统治力逐渐下降，被迫让出了一些领导权。

美元的衰落。布雷顿森林体系确立了以美元为中心的国际经济货币体系。一直到现在，美元作为世界经济通用货币，主导了世界经济。可以说，美元是美国称霸世界的重要手段。当下，美元体系受到了挑战。简单地说，人民币正在挑战美元的统治地位。亚投行的建立表明了这一趋势，当然，这只是趋势而已，美元对当今经济格局仍具有无出其右的统治力。

各政治势力的崛起。二战结束之初，日本、德国、英国、中国都受到了战争的重创。而美国受战争影响较小，还借助战争摆脱了经济危机，大发战争财，此消彼长之下，美国成了世界霸主。战后世界环境基本处于和平状态，各国迅速发展经济，获得了长足的发展。日本经济建设取得了举世瞩目的成就，其经济、科技实力不容小觑。俄罗斯则继承了苏联的军事遗产成为军事强国，是能和美国掰手腕的存在。我们中国，必将实现中华民族的伟大复兴，社会主义事业蒸蒸日上，对当今世界有着重要的影响力。除此之外，中东各国、欧洲各国都不同程度地崛起，挑战美国霸权。所谓的世界多极化发展，就是世界政治势力呈现多极的趋势，政治多极的发展必然导致美国霸权的衰落。

美国军事力量的衰落。之前的美国，有着世界最强大的军队、航母、飞机、无人机、核武器等，对世界其他各国拥有绝对的优势。而当下，中国崛起，载人航天等技术居世界前列，航母、战斗力、无人机、卫星等不断取得新突破，正逐渐缩小与美国的差距。以色列公开挑战美国霸权，甚至连伊朗也在积极研制核武器，挑战美国权威。美国当年主宰世界的霸权不复存在。由此看来，美国的确衰落了，但这是相对衰落，美国对世界仍然有着举足轻重的影响。

我们当下需要认清自己，努力发展自己，寄希望于美国衰落是一种可怕的思想，会消磨我们的斗志。我们相信，中华民族必将振兴，虽然任重而道远。

资料来源：毅品文团队. 世界最强的美国正在衰落吗？其实真相并非你想象的那么简单［EB/OL］.（2018－08－09）［2021－03－20］. https://www.sohu.com/a/246078580_154406.

案例讨论

1. 美国作为代表性的资本主义国家，其发展趋势说明了什么？
2. 举例说明资本主义各国发展的趋势。

第十章　社会主义经济制度及其根本任务

引言：我国非公有制经济，是改革开放以来在中国共产党的方针政策指引下发展起来的，是在中国共产党领导下开辟出来的一条道路。党的十五大把“公有制为主体、多种所有制经济共同发展”确立为我国的基本经济制度，明确提出“非公有制经济是我国社会主义市场经济的重要组成部分”。我国是中国共产党领导的社会主义国家，公有制经济是长期以来在国家发展历程中形成的，为国家建设、国防安全、人民生活改善作出了突出贡献，是全体人民的宝贵财富，当然要让它发展好，继续为改革开放和现代化建设作出贡献。我们强调把公有制经济巩固好、发展好，同鼓励、支持、引导非公有制经济发展不是对立的，而是有机统一的。我们国家这么大、人口这么多，又处于并将长期处于社会主义初级阶段，要把经济社会发展搞上去，就要各方面齐心协力来干，众人拾柴火焰高。公有制经济、非公有制经济应该相辅相成、相得益彰，而不是相互排斥、相互抵消。①

案例一　十月革命

俄国十月革命，又称“红色十月”“十月起义”“彼得格勒武装起义”或“布尔什维克革命”，获胜的苏联红军一方称之为“伟大的十月社会主义革命”，是俄国工人阶级在布尔什维克党领导下联合贫农所完成的伟大的社会主义革命，是1917年俄国革命中第二个也是最后的重要阶段。因革命发生在俄历（儒略历）1917年10月25日（公历11月7日），故称“十月革命”。1917年11月7日，以列宁为领导的布尔什维克武装力量向资产阶级

① 习近平．毫不动摇坚持我国基本经济制度，推动各种所有制经济健康发展［N］．人民日报，2016-03-09（02）．

临时政府所在地圣彼得堡冬宫发起总攻，推翻了临时政府，建立了苏维埃政权。苏联、中国等社会主义国家及左派组织普遍认为十月革命是伟大革命导师列宁同志领导下的布尔什维克领导的武装起义，建立了人类历史上第二个无产阶级政权（第一个是巴黎公社无产阶级政权）和由马克思主义政党领导的第一个社会主义国家——俄罗斯苏维埃联邦社会主义共和国，简称苏俄。革命推翻了以克伦斯基为领导的资产阶级俄国临时政府（俄罗斯共和国），为结束1918—1920年的苏俄内战和1922年苏维埃社会主义共和国联盟的成立奠定了基础。十月革命的胜利开创了人类历史的新纪元，为世界各国无产阶级革命、殖民地和半殖民地的民族解放运动开辟了胜利前进的道路。

案例讨论

1. 十月革命成功说明了什么？

2. 举例说明社会主义制度的建立和社会主义经济制度的探索、建立、发展。

3. 社会主义经济制度在中国的发展变迁是怎样的过程？

案例二　牢牢把握社会主义初级阶段的基本国情

正确认识和准确把握社会主义初级阶段的基本国情，是决胜全面建成小康社会、夺取新时代中国特色社会主义伟大胜利的立足点和出发点。党的十九大报告明确指出，我国社会主要矛盾的变化，没有改变我们对我国社会主义所处历史阶段的判断，我国仍处于并将长期处于社会主义初级阶段的基本国情没有变。这是以习近平同志为核心的党中央准确把握社会主义初级阶段不断变化的新特点和新时代我国社会发展的阶段性特征作出的科学判断，为制定新时代党的方针政策提供了根本依据，丰富发展了中国特色社会主义理论体系。

（一）我国处于社会主义初级阶段是我们党从历史探索中得出的科学论断

我国现在处于并将长期处于社会主义初级阶段，是我们党在继承发展马克思主义经典作家关于社会主义发展阶段理论的基础上，在长期社会主义建设实践的过程中，从社会性质和发展阶段上对我国国情所作的全局性、总体性判断，是我们党的一个重大理论创新。

马克思认为，消灭私有制之后建立起来的共产主义社会有一个从低级到高级、从不成熟到成熟、从不完善到完善的过程，他明确把共产主义社会区分为“第一阶段”“高级阶段”两个既相互联系又相互区别的不同发展阶段。马克思的这一设想为后人继续探索社会主义发展阶段明确了方向。列宁首次提出用社会主义社会与共产主义社会代替原来的共产主义社会第一阶段与共产主义社会高级阶段，对社会主义和共产主义进行了区分。列宁认识到，社会主义本身是一个发展过程，需要分阶段逐步过渡，并提出“初级形式的社会主义”“发达的社会主义”“完全的社会主义”等概念。列宁关于“初级形式的社会主义”的提法蕴含了社会主义初级阶段的思想，反映了经济文化相对落后国家建设社会主义的复杂性和艰巨性。马克思、列宁关于社会主义和共产主义阶段划分论，为我们党认识和处理这一问题提供了理论依据。

1956 年我国社会主义改造基本完成后，我们党按照马克思主义经典作家的论述，根据中国具体实际，对我国基本国情及社会主义发展阶段作过一些探索。20 世纪 50 年代末，毛泽东曾提出：社会主义这个阶段，又可能分为两个阶段，第一个阶段是不发达的社会主义，第二个阶段是比较发达的社会主义。在 1962 年的七千人大会上，他科学分析我国国情，指出：中国的人口多、底子薄，经济落后，要使生产力很大地发展起来，要赶上和超过世界上最先进的资本主义国家，没有一百多年的时间，我看是不行的。但由于“左”倾思想不断发展，我们党一度犯了超越社会发展阶段的错误，使我国社会主义建设事业受到严重挫折。

改革开放以后，邓小平深刻总结历史经验教训，对我国所处历史方位作出科学判断，并将这一宝贵认识付诸改革开放的实践，形成了社会主义初级阶段理论。1987 年，党的十三大首次系统阐述了社会主义初级阶段理论，会议明确指出：社会主义初级阶段“特指我国在生产力落后、商品经济不发达条件下建设社会主义必然要经历的特定阶段。我国从五十年代生产资料私有制的社会主义改造基本完成，到社会主义现代化的基本实现，至少需要上百年时间，都属于社会主义初级阶段”。党的十三大还明确提出了党在社会主义初级阶段的基本路线。1992 年，党的十四大指出社会主义初级阶段理论是建设中国特色社会主义理论的重要内容。1997 年，党的十五大对社会主义初级阶段主要特征、发展进程、主要矛盾、根本任务、基本制度、基本纲领作了进一步系统论述。2007 年，党的十七大强调我国仍处于并将长期处于社会主义初级阶段的基本国情没有变，人民日益增长的物质文化需要同落后的社会生产之间的矛盾这一社会主要矛盾没有变。2012 年，党的十八大提出，建设中国特色社会主义，总依据是社会主义初级阶段。2017 年，在党的十九大上，习近平总书记强调，全党要牢牢把握社会主义初级阶段这个基本国情，牢牢立足社会主义初级阶段这个最大实际，牢牢坚持党的基本路线这个党和国家的生命线、人民的幸福线。

（二）新时代我国社会主要矛盾的变化与社会主义初级阶段的基本国情不变

进入中国特色社会主义新时代，随着我国经济社会的发展和现代化水平的提高，我国社会主要矛盾发生了变化。我国社会主要矛盾的变化并没有改变我们党对我国社会主义所处历史阶段的判断。

新中国成立特别是改革开放以来，党和国家事业发生历史性变革，改革开放和社会主义现代化建设取得历史性成就，党的面貌、国家的面貌、人民的面貌、军队的面貌、中华民族的面貌发生了前所未有的变化，中华民族正以崭新姿态屹立于世界东方。从党的十八大开始，中国特色社会主义进入新时代。我国在稳定解决十几亿人的温饱问题、总体上实现小康的基础上，将全面建成小康社会，人民美好生活的需要日益广泛，不仅对物质文化生活提出了更高要求，而且在民主、法治、公平、正义、安全、环境等方面的要求日益增长。我国社会生产力水平在总体上有了显著提高，社会生产能力在很多方面进入世界前列后，面临的更加突出的问题是发展不平衡不充分，这已经成为满足人民日益增长的美好生活需要的主要制约因素。这也充分说明，原来我国社会主要矛盾“人民日益增长的物质文化需要同落后的社会生产之间的矛盾”的表述，已经不能客观反映新实际和新变化。党的十九大报告关于社会主要矛盾的新表述，即“中国特色社会主义进入新时代，我国社会主要矛盾已经转化为人民日益增长的美好生活需要和不平衡不充分的发展之间的矛盾”，这是从历史和现实、理论和实践、国内和国际等结合上进行理性分析得出的重大判断。

党的十九大报告强调：必须认识到，我国社会主要矛盾的变化，没有改变我们对我国社会主义所处历史阶段的判断，我国仍处于并将长期处于社会主义初级阶段的基本国情没有变。我们必须把握好这一“变”和“不变”的辩证关系。

对社会主义初级阶段的认识，不能仅仅从经济发展水平一个因素来看，而应从社会主义事业发展全局来看，涉及社会基本矛盾、总体战略布局、社会发展水平、人民对公平正义的要求等方面。从社会主义初级阶段的基本国情考察，新时代我国经济、政治、文化、社会和生态各方面还存在着种种新问题新矛盾。主要体现为：我国作为世界第二大经济体，人均国内生产总值只相当于世界平均水平的80%左右，发展不平衡不充分的一些突出问题尚未解决，在发展质量、创新能力、公共服务、生态保护等方面任重道远，民生领域还有不少短板，社会文明水平尚需提高，国家治理体系和治理能力有待加强，一些改革部署和重大政策措施需要进一步落实。这说明我国社会主要矛盾发生的阶段性变化，并没能从总体上改变我国生产力不够发达和生产关系不够完善的状况。党的十九大报告对我国社会主要矛盾与初级阶段基本国情“变”与“不变”的科学判断，是我们党把马克思主义唯物辩证法运用到中国社会发展的重要实践，是对马克思主义基本原理的重大发展，也是对世界社会主义的重要贡献。

（三）立足社会主义初级阶段的实际贯彻落实十九大精神

党的十九大是我们党的历史上具有里程碑意义的一次代表大会，大会取得的政治成果、理论成果、制度成果，作出的重大战略部署和提出的重大创新举措，必将对今后一个时期党和国家事业发展产生重大而深远的影响。我们要紧密团结在以习近平同志为核心的党中央周围，立足我国社会主义初级阶段这个最大实际，紧扣我国社会主要矛盾变化，深入贯彻落实党的十九大精神，为实现中华民族伟大复兴的中国梦作出新贡献。

从基本国情出发贯彻落实基本方略。党的十八大以来，以习近平同志为核心的党中央，统揽“四个伟大”，统筹推进“五位一体”总体布局，协调推进“四个全面”战略布局，形成了新时代坚持和发展中国特色社会主义的基本方略。习近平新时代中国特色社会主义思想是指导思想层面的表述，在行动纲领层面称之为中国特色社会主义基本方略。这就是坚持党对一切工作的领导、坚持以人民为中心、坚持全面深化改革、坚持新发展理念、坚持人民当家做主、坚持全面依法治国、坚持社会主义核心价值体系、坚持在发展中保障和改善民生、坚持人与自然和谐共生、坚持总体国家安全观、坚持党对人民军队的绝对领导、坚持“一国两制”和推进祖国统一、坚持推动构建人类命运共同体、坚持全面从严治党。新时代坚持和发展中国特色社会主义，必须立足社会主义初级阶段这个最大实际，既要充分看到这些年来我国发展成绩巨大，有利条件不断增多，又要清醒看到发展中的困难、问题和不利因素，全面贯彻党的基本理论、基本路线、基本方略，更好推动人的全面发展、社会全面进步。

从基本国情出发决胜全面建成小康社会。党的十九大对新时代中国特色社会主义发展，作出从全面建成小康社会到基本实现现代化，再到全面建成社会主义现代化强国的战略部署。全面建成小康社会，实现第一个百年奋斗目标，是我们党向人民、向历史作出的庄严承诺。从现在到2020年，是全面建成小康社会决胜期。我们党要立足实际，团结带领全国各族人民，按照全面建成小康社会各项要求，突出抓重点、补短板、强弱项，特别是要坚决打好防范化解重大风险、精准脱贫、污染防治的攻坚战，统筹推进经济建设、政治建设、文化建设、社会建设、生态文明建设，坚定实施科教兴国战略、人才强国战略、创新驱动发展战略、乡村振兴战略、区域协调发展战略、可持续发展战略、军民融合发展战略，努力建成经济更加发展、民主更加健全、科教更加进步、文化更加繁荣、社会更加和谐、人民生活更加殷实的小康社会，建成得到人民认可、经得起历史检验的小康社会，胜利实现第一个百年奋斗目标。在此基础上继续奋进，实现第二个百年奋斗目标，把我国建成富强民主文明和谐美丽的社会主义现代化强国。

从基本国情出发推进伟大事业。中国特色社会主义是改革开放以来党的全部理论和实践的主题，是党和人民历尽千辛万苦、付出巨大代价取得的根本成就，是当代中国发展进步的根本方向。建设中国特色社会主义，总依据就是社会主义初级阶段的基本国情。我们要承前启后、继往开来，牢牢把握我国正处于并将长期处于社会主义初级阶段的基本国情，牢牢立足社会主义初级阶段这个最大实际，牢牢把握我国发展的阶段性特征，牢牢把握人民群众对美好生活的向往，既要避免落后于实际、落伍于时代的问题，也要防止走入脱离实际、超越阶段而急于求成、急躁冒进的误区；既不走封闭僵化的老路，也不走改旗易帜的邪路。提出新的思路、新的战略、新的举措，真正做到既尽力而为又量力而行，保持艰苦奋斗的作风，更加自觉地增强中国特色社会主义道路自信、理论自信、制度自信、文化自信，始终坚持和发展中国特色社会主义这个最大的主题，不断丰富中国特色社会主义的实践特色、理论特色、民族特色、时代特色，全面推进中国特色社会主义伟大事业。

资料来源：中共中央党史研究室理论研究中心. 牢牢把握社会主义初级阶段的基本国情［J］. 求是，2017（24）：5-7.

案例讨论

1. 用一组数据说明近期中国处于社会主义初级阶段的基本国情。
2. 为什么说社会主义初级阶段是一个较长的历史过程？
3. 定位社会主义初级阶段的意义何在？

第十一章　经济体制改革和社会主义市场经济体制

引言：深化经济体制改革，核心是处理好政府和市场关系，使市场在资源配置中起决定性作用和更好发挥政府作用。这就要讲辩证法、两点论，“看不见的手”和“看得见的手”都要用好。关键是加快转变政府职能，该放给市场和社会的权一定要放足、放到位，该政府管的事一定要管好、管到位，坚决扭转政府职能错位、越位、缺位现象。要深化行政审批制度改革，推进简政放权，深化权力清单、责任清单管理，同时要强化事中事后监管。①

在社会主义条件下发展市场经济，是我们党的一个伟大创举。我国经济发展获得巨大成功的一个关键因素，就是我们既发挥了市场经济的长处，又发挥了社会主义制度的优越性。我们是在中国共产党领导和社会主义制度的大前提下发展市场经济，什么时候都不能忘了“社会主义”这个定语。之所以说是社会主义市场经济，就是要坚持我们的制度优越性，有效防范资本主义市场经济的弊端。我们要坚持辩证法、两点论，继续在社会主义基本制度与市场经济的结合上下功夫，把两方面优势都发挥好，既要“有效的市场”，也要“有为的政府”，努力在实践中破解这道经济学上的世界性难题。②

---

① 习近平参加上海代表团审议［EB/OL］.（2016-03-06）［2021-03-04］. http://cpc.people.com.cn/n1/2016/0306/c64094-28175239.html.

② 习近平. 在中共中央政治局第二十八次集体学习时的讲话［N］. 人民日报，2015-11-25（01）.

案例一 计划经济体制国家的市场化

自1989年波兰推出“休克疗法”，加速向市场经济体制过渡以来，短短几年间，几乎所有的原计划经济体制国家都发生了翻天覆地的变化。东欧剧变，苏联解体，中国社会主义市场经济体制的确立，虽然改革的方向和过渡方式明显不同，但从资源配置角度分析，上述变化标志着计划经济体制的全面崩溃，市场化正以不可逆转之势成为各个国家的共同选择。这里只以波兰、苏联、中国为例加以说明。

（一）波兰：“回到欧洲去”

背景：剧变前的波兰是典型的计划经济体制国家，其市场发育程度甚至低于改革前的中国。波兰在20世纪50年代中期就解散了农业合作社，84%的农民是个体小农，而且没有粮食市场，粮食全部由国家收购。由于工农产品“剪刀差”，农民不愿把粮食卖给国家，国家就花大量外汇进口粮食。但与此同时，国家又要从财政预算中支付大量的食品价格补贴，低廉的食品价格导致严重的浪费。价格不能发挥传输供求信息、平衡供求关系功能。在过去的改革中，波兰虽取消了指令性计划指标，但相应的市场建设严重滞后，资源配置出现真空，改革决议中赋予企业的“三自主”也成了一纸空文。究其根本，是这种小打小闹的改革没能触动传统计划体系的神经，以至最终导致了长达10年的经济、社会和政治危机。有的学者称，波兰10年危机表现得比西方30年代大危机要深重得多。从1978年起生产逐年下降，回升历经6年，到1988年才勉强达到1978年的水平，再也反弹不上去，致使人民对执政党完全丧失信心。正是在这种不稳定的情况下，波兰提出“回到欧洲去”，并以“休克疗法”来加速这一市场化进程，以此缓和深刻的经济、社会和政治危机。

改革内容：①自1990年1月1日起，取消国家对价格的控制；②停止向生产者和消费者提供补贴；③停止向国营企业自动发放的廉价信贷，提高贷款利率，减少中央银行向银行系统供给的信贷，从而减少银行向企业发放贷款的数量；④放开汇率和外汇管制，使波兰货币贬值，允许企业和家庭自由买卖外汇；⑤取消贸易壁垒，取消许可证和配给，关税一般低于20%，一些甚至接近于零；⑥尽快私有化，使所有制结构在5年时间里接近西欧以私有制为主的格局。

经过上述改革，波兰逐步成为按市场经济体制运作的国家。价格已全部放开，国际贸易也实现自由化，企业活动完全在市场范围内进行。恶性通货膨胀得到抑制，每月通胀率 1.5%~2%，年通胀率为 20%~25%。经济结构也得到相当大的调整。首先是服务业迅猛发展，其次是波兰贸易被纳入西欧体系，出口从 1989 年的 80 亿美元增加到现在的 145 亿美元，进口也随之增长。不可否认，改革的负效用也是存在的，如失业率从零上升到目前的 12.5%，统计的工业生产从 1989 年至今下降了 30%，官方统计的人民生活水平下降。但要指出的是，失业是市场经济的客观要求，在失业保险的保证下，这个失业率为波兰社会所承受。关于工业生产下降，除了因苏联解体而失去了苏联这个市场外，更重要的是波兰停止了生产不适合社会需要的产品，以及宏观紧缩政策和统计上主要统计国有部门而低估私有部门（私有部门正是发展最快的部门）的缘故。至于官方统计的人民生活水平下降，也有仅从国营商业估计而低估私有商业的因素。对此，应做客观分析。

（二）苏联：走向解体

苏联是计划经济体制的发源地，就编制计划的技术水平来说，毫无疑问，它在社会主义国家中是首屈一指的。他们的计划机构在 20 世纪 60 年代就装备了全国自动化管理系统工程。但是，历史已经证明，由于市场极度不发育和价值规律无从发挥作用，不管在计划工作中运用多么高深的数学和多么自动化的电脑控制系统，还是不可能使主观的计划符合客观的实际。苏联的计划，只是一套僵死的技术性管理制度，既没有正确运用价值规律，也没能对全社会经济起到平衡协调的作用。市场上有相当多品种的商品不能适应需要，这种状况已经变成严重的社会问题和政治问题。可见，他们长期所强调的计划要尊重价值规律只不过是一句口号，这种计划没有起到优化资源配置的效果，反倒成了僵化经济的桎梏，是导致社会经济政治危机的重要根源之一。

长期以来，苏联政府像害怕瘟疫一样害怕商品经济。戈尔巴乔夫任职后的改革伊始，还不敢使用“市场”一词，只是到 1990 年年初，才含混地提出要实行“计划-市场经济”，而后改为“可调节的市场经济”，直到 1990 年 9 月，在提交给最高苏维埃讨论的文件中，最终才亮出了“向市场经济过渡”的旗帜。事实上，直到 1991 年解体之前，苏联的计划垄断仍相当严重，商品市场极不发达，价格几十年一贯制的状况仍未改变，国营企业严重亏损和市场消费品严重匮乏的局面仍未得到缓解。正因为缺乏正常发育的市场，所谓“影子经济”即黑市交易也就格外猖獗，据估计约占全部交易额的15%~30%，从而使得经济、社会更加无序，人心更加不安和不满。在这种背景下，苏联政府提出制定向市场经济过渡的经济纲领。与此同时，俄罗斯联邦在叶利钦的领导下，决意采取激进步骤向市场经济过渡。当时著名的“500天计划”（通过激进的“休克”方法向自由市场经济过渡）和雷日科夫政府提出的经济改革计划在改革道路问题上发生分歧，以至于达到不可调和的程度，最终以1991年“八一九”事件为导火线，使苏联全面崩溃。固然，各加盟共和国的分离主义是苏联崩溃的重要因素，但最根本的原因还是没有形成统一的、发达的市场。爱沙尼亚的领导人说：“莫斯科在经济改革方面是十次量衣九不裁，我们的对面就是芬兰，压力很大，莫斯科不搞市场，我们只好自己搞。”

苏联解体后，俄罗斯即从1992年1月2日开始实行“休克疗法”式的改革。虽然这个“休克疗法”以失败而告终，但不能由此认为向市场经济体制过渡的方向是可以逆转的。现在旧的计划体制已被取代。企业完全自主地求生存，拓展市场，中央政府几乎不干预经济。成千上万家合资企业开张。多数制成品、工业品的贸易是自由进行的。1992年7月1日以后，俄罗斯出现了统一的浮动汇率。俄罗斯的改革成果虽尚需进一步由实践来验证，有一点却是不容否认的真理，即建立现代市场经济体制是人心所向，大势所趋。

（三）中国：社会主义和市场经济相结合的试验

1978年改革前的中国计划经济体制是从苏联集权式计划体制移植并加以改造后最终形成的。它保留了集权体制的基本特点，又具有自己的独特之处：

第一，地方政府对经济活动有相对自主权；

第二，经济的自给自足和地方经济的自成体系；

第三，最重要的一点，国家管理经济的方式靠不断地进行政策“调整”，法律少得可怜。

由于国家的政治目标是限制商品交换和追求国有成分的提高，虽历经调整，中国经济始终没能摆脱计划经济的框架。相反，计划的失误使得每一次调整都是一次资源的大浪费和经济的大衰落。1958—1978年的20年，用于基本建设的投资达6 000亿元，其中1/3完全浪费，1/3没有达到设计能力。只要这个体制不变，这种浪费就不可避免。

1978年改革开始，中国在不放弃国家控制的前提下，逐步放权，在旧体制的个别环节中陆续引入市场因素，在价格、劳动、行业和区域经济等方面实行一系列双轨制。但是，改革中继续沿用了不断进行调整的方法。由于双轨体制引起不完全市场、灰市和黑市的产生，它与旧体制的价值观相抵，因此，当放权引起增长，增长导致失调时，制度变迁不是朝着完善市场和扩大市场的方向发展，而是重新落入收权的窠臼。这样，经济稳定了，但增长也停顿了。这就是一次调整的过程，每一次调整都是一次“放—乱—收—死”的循环，其代价是经济的大起大落和财富资源的巨大浪费。这与其说是决策者的失误，不如说是旧体制的正常操作，即旧体制仍在左右着国家的经济生活。中国经济改革迫切需要向纵深发展，体制转换必须彻底，旧的体制和双轨体制必须抛弃。1992 年初，邓小平南方谈话展示了新体制确立的方向。此后不久，党的十四大最终确立了社会主义市场经济体制的改革目标。

中国是将社会主义与市场经济成功结合的范例。中国颇具特点的改革取得了世人瞩目的成就。法国的帕・萨巴蒂埃说，中国是世界上仅有的几个经济连续高速增长的国家之一，改革以来，中国年均经济增长率高达 10%。中国改革的成功固然是因为它选择了一种适合自己国情的独特发展模式。但根本所在还是因为它引进了市场体制这一现代社会的共同文明。需要指出的是，社会主义市场经济体制还没有完全建立起来，体制转换中的矛盾和问题已经和正在暴露出来，如地方保护主义，通货膨胀，国有大中型企业亏损严重，农业、能源、交通等基础产业的瓶颈进一步收紧，政治腐败和社会冲突加剧，人口环境形势严峻，中央财政空虚、市场混乱、假冒伪劣等侵权现象盛行。因此，加快改革步伐，尽快建立起社会主义市场经济体制的大厦是历史发展的必然。

案例讨论

1. 我国与苏联、波兰的市场化改革有哪些不同？产生了怎样不同的效果？

2. 我国的市场化改革有哪些独到之处？产生了怎样的积极效果？

3. 价格机制是市场经济的核心机制，其作用是怎样的？

案例二　烟叶太多了，为啥还要种？

1999 年年末，为了解农业结构调整的情况，我们来到河南农村采访。一路上，不时看到三三两两的烟农在成方连片的地块里打育苗畦，为即将开始的育苗做准备。

见此情景，一个问号码爬上心头：烟叶市场早已供大于求，国家不是一再强调要压缩烟叶种植面积吗？为什么这里的农民还这么热衷于种烟呢？

记者决定问个究竟。石桥村一位叫李银忠的农民停下手中的活计，同记者聊了起来。

李银忠说，他家1989年种了3亩烟，每亩收入1 000元（记者：比粮食高多了），主要是品种选得不太好。（记者：1999年呢?）1999年每亩收入2 000元。（记者：村上收入最多的是多少?）有几十家每亩收入2 500元。（记者：2000年种几亩?）2000年准备种4亩，照现在的市场价格，收入1万元有把握。

正说着，我们身边已围了七八个农民，大家七嘴八舌地议论起来。一个说，照现在情况，一亩地收入1 500元就中。另一个谈到，现在许多农民家中都有存粮，一般情况下，两年不收不存在问题。第三个马上接道，主要是缺钱花。还有的反映，时下小麦价格太低，没人组织收购，小贩也不来了。记者问，农民种烟是不是每年都与烟站签合同？大家又你一言我一语地说开了。一个说，得签，不签不行，不签心里没底，就不敢种，或者得少种。另一个说，不管种啥，销路没保证不行，这几年我们这里很多人种冬瓜、包菜等作物，烂在地里都没人要。第三个接着说，还有人养鸽养兔，卖不出去，只好送人。第四个又说回来，种烟有人要，我们就放心。

农民对烟草公司满意吗？记者又提出了一个比较敏感的话题。

农民的回答是：烟草公司对连片种植的烟免费供应化肥、地膜、农药等，还帮助机耕，1999年光农药就发了13次，我们农民种烟只投工不需要花钱。

是不是烟叶大省的每一个农民都愿意种烟呢？回答是否定的。在另一个村，一位农民向记者谈了他的想法：

——1998年种了两亩烟，没长成，一亩收入才300多元。1999年没种。2000年准备种两亩，村上开会了，不种烟不中。

——我们村每年都强迫农民种烟。很多农民不想种烟，费工费时，卖烟的时候烟站还挑得厉害。

——合同也是年年签，就是没有用，烟叶多的年份，有合同也不一定收。烟叶紧张了，好赖都收，不要合同。

在全国烟叶严重供过于求的情况下，面对农民在结构调整的关键时期截然不同的想法和同样的选择，我们虽然不好下“哪个更明，哪个更亮”的结论，但有一点是看得很清楚的，那就是在种与不种的背后，有一只看不见的手在起作用。

农民如是说，乡镇政府又是怎么看的呢？我们来到了乡里，乡长热情地接待了我们。以下是我们与他的对话。

记者：这几年乡里种烟的情况怎么样？

乡长：1998 年种了 1.2 万亩，1999 年种了 1.4 万亩，2000 年计划种 1.8 万亩。

记者：面积是增加的，收入呢？

乡长：1999 年全乡亩均收入是 1 100 元，连片烟田收入在 1 500~2 000 元。连片烟田种烟不用投入，农民争相包租，每亩租金已达 500 元。

记者：农民种烟的积极性为什么这么高？

乡长：因为这是农民收入的主要来源。每年要买生产资料，要建房，要婚嫁，子女要上学，要看病，这一切都要靠烟叶。你没看农民的积极性有多高？这么冷的天，还有这么多的农民在地里打畦。

记者：乡里有没有搞点别的什么？

乡长：烟叶是短平快，调整结构也离不开烟叶。县里提出“远抓工业，近抓烟叶”，但工业看不清，办的企业没有赚钱的，还是要靠烟叶养财政。

记者：烟叶税收占全乡的多少？

乡长：占 80%左右。1999 年县里出台了税收包干分成政策，烟叶特产税县里与乡里四六分成，调动了乡里种烟的积极性。

记者：1999 年的烟粮比价是多少？

乡长：烟叶的平均价格是每千克 9.6 元，小麦的价格是每千克 0.96 元，标准的 1∶10。

记者：知不知道全国烟叶形势和国家要压缩烟叶面积的政策？

乡长：知道。但这是我们的支柱，不种不行。农民调整结构也愿意种，现在要紧的是抓好科技，提高质量，保证销路。农民比较清楚，只要质量好，就不愁没销路。

那么，全国是一种什么形势呢？简单地说，烟叶总量是严重过剩。

这已是 1996 年来出现的情况。1996 年和 1997 年连续现年超计划种植和收购，特别是 1997 年，实际收购 6 000 万担创历史最高纪录，使全国工商库存高达 7 000 多万担。而一年烟叶需求量充其量只有 4 000 多万担。

烟叶市场严重失衡的情况引起了国务院领导同志的高度重视，多次做出批示，并下发紧急通知，要求控制烟叶面积，压缩烟叶库存。国家烟草部门将控制面积摆在烟叶工作的首位，提出了从1998年到2000年三年压库2 000万担的目标。

在这种情况下，烟叶面积反弹疑是一个值得重视的信号。国家烟草专卖局有关负责同志说，这是一个危险的信号，因为反弹是非常可能出现的。他讲了三点理由：第一，烟粮比价过高，农民愿意种烟。第二，烟草部门经过两年压缩库存，1999年货源相对减少，一些地方2000年就想扩大面积，增加货源。第三，地方政府这两年因为压缩面积，减少了税收，2000年要多种烟，要“捞一把”。几方面都有积极性，都有扩大面积的冲动。

烟叶是特殊商品，多了造成浪费，少了又不能满足卷烟工业的需求，必须按国家计划组织生产，既要控得住，还要稳得住，避免出现大起大落。

烟叶已经严重供大于求，农民还在大量种烟，这个问题值得重视。烟叶严重供大于求的信息，得让更多的地方更多的农民知道，否则吃了苦头再后悔就来不及了。这样的教训已经不少。

资料来源：朱硕民，许宝健. 烟叶太多了，为啥还要种［N］. 经济日报，2000-01-06（03）.

案例讨论

1. 烟叶已经严重供大于求，农民还在大量种烟，这个问题是由于信息不对称而导致市场失灵造成的吗？

2. 烟叶严重供大于求的信息，应通过怎样的途径让更多地方的更多农民知道？

3. 列举相似的案例，并进行分析。

案例评析

（1）造成市场失灵的另一个重要原因是信息问题。市场机制有效配置资源的一个必要条件是信息的完全性，以及主体决策和行为的确定性。可实际上，一方面，决定信息完全性的完全竞争是不存在的；另一方面，获得信息要付代价，随着获取信息量的增加，所会代价是递增的，效用是递减的，信息量的获取达到一定程度后，获取信息就不合算。因此实际获取的信息是不完全的，主体的决策和行动以及相互关系是不确定的。特别是农业生产和资源勘探中的信息不完全性及不确定性更大。

（2）不稳定性或波动性是市场的特点。价格反映和调节供求，是以价格和供求的波动为前提的。市场调节是事后进行的，它可以使市场主体发挥充分的主动性和创造性，使市场机制充分地发挥积极作用。但是，由此引起的不确定性或风险也就不可避免。而经济和社会的发展需要增加稳定性和降低风险，这就需要政府对市场进行适当干预。

（3）回到农民种烟叶的例子。烟叶已经严重供大于求，农民还却在大量种烟。这其中除了有利益的诱惑外，更重要的是农民难以得知全国烟叶严重供大于求的信息。因此，政府的责任就在于帮助农民及时地了解农产品的市场供求信息，以最大限度地消除不确定性、规避风险，确实保护农民的利益。

第十二章　社会主义初级阶段的基本经济制度

引言：马克思主义政治经济学认为，生产资料所有制是生产关系的核心，决定着社会的基本性质和发展方向。改革开放以来，我们党总结正反两方面经验，确立了社会主义初级阶段的基本经济制度，强调坚持公有制为主体、多种所有制经济共同发展，明确公有制经济和非公有制经济都是社会主义市场经济的重要组成部分，都是我国经济社会发展的重要基础。我们要毫不动摇巩固和发展公有制经济，毫不动摇鼓励、支持、引导非公有制经济发展，推动各种所有制取长补短、相互促进、共同发展。同时，我们也要十分明确，我国基本经济制度是中国特色社会主义制度的重要支柱，也是社会主义市场经济体制的根基，公有制主体地位不能动摇，国有经济主导作用不能动摇。这是保证我国各族人民共享发展成果的制度性保证，也是巩固党的执政地位、坚持我国社会主义制度的重要保证。① 生产资料所有制是政治经济学社会主义部分的重要内容，本章将结合习近平同志的论述，选取相关的案例供大家思考和探讨。

案例一　中国特色社会主义生产资料所有制改革

中国共产党十一届三中全会之后，以邓小平为核心的党的第二代中央领导集体带领全党恢复了解放思想、实事求是的思想路线，坚持生产力标准，积极探索符合我国现实国情的所有制结构。1981 年，党的十一届六中全会通过的《关于建国以来党的若干历史问题的决议》把我国所处的历史阶段定位于“我们的社会主义制度还是处于初级的阶段”，重申了生产关系与生

① 习近平. 不断开拓当代中国马克思主义政治经济学新境界［J］. 党建文汇（上半月），2020(9)：4-6.

产力相互关系的原理，提出“一定范围的劳动者个体经济是公有制经济的必要的补充”。

1982 年，党的十二大报告在论述了国有经济和集体经济重要性的基础上，在理论与实践的结合上对多种经济形式的存在和发展进行了理论展开和初步的政策设计，指出“在农村和城市，都要鼓励劳动者个体经济在国家规定的范围内和工商行政管理下适当发展，作为公有制经济的必要的、有益的补充”。

1984 年党的十二届三中全会通过的《中共中央关于经济体制改革的决定》，进一步对外资在我国社会经济中的地位和作用给予定位：“利用外资，吸引外商来我国举办合资经营企业、合作经营企业和独资企业，也是对我国社会主义经济必要的有益的补充。”至此，以公有制为主体、多种经济成分并存的理论已具雏形。这是在改革开放后，党对社会主义初级阶段所有制结构问题认识的初步展示，它在极“左”的所有制理论的坚冰上打开了第一个缺口，为此后对社会主义社会的所有制结构问题认识的进一步深化开辟了航道，并对推动我国改革开放和经济发展起了巨大的作用。

随着对社会主义所有制结构认识的深化和政策的调整，在农村普遍推行了多种形式的联产承包责任制，并在此基础上出现了一大批从事商品生产和经营活动的专业户和重点户，多种形式、多种层次的经济联合体大量涌现，出现了各种经济成分竞相发展的局面。以 1981—1985 年的工业产值的年均增长率为例，全民所有制、集体所有制和农村工业产值平均每年分别递增 8.1%、18.2%和 20.5%，个体工业更是平均每年递增 1.1 倍。

1987 年以前，党和国家对私营经济的发展持一种不提倡、不宣传、也不取缔的态度。1987 年，党的十三大在阐述社会主义初级阶段理论和把建立社会主义计划商品经济作为经济体制改革目标的基础上，进一步深化了对社会主义初级阶段所有制结构理论的认识，首次把私营经济当作社会主义经济的补充写进党的文件。

1992 年党的十四大更加明确地指出，在所有制结构上，以公有制包括全民所有制和集体所有制经济为主体，个体经济、私营经济、外资经济为补充，多种经济成分长期共同发展，不同经济成分还可以自愿实行多种形式的联合经营。概括起来，就是“公有制为主体、多种经济成分共同发展”的多种经济成分论。这一理论从根本上突破了追求单一公有制模式的理论与实践，是对马克思主义关于社会主义所有制结构理论的重大发展。

此后，私营经济也像个体经济一样，得到了蓬勃发展。以 1995 年 6 月底的数字与1987年相比，私营企业户由22.5万上升到56.3万，注册资本由680.3亿元上升到2 460.2亿元，其资本总额占全国工业资本总额的比重由3.8%上升到13.71%。

党的十五大指出，公有制为主体、多种所有制经济共同发展，是我国社会主义初级阶段的一项基本经济制度。这是对所有制理论认识的新突破，也是对“公有制为主体、多种经济成分共同发展”方针的重大发展，具有重要的理论和现实意义。首先，把“公有制为主体，多种所有制经济共同发展”由过去长期使用的“方针”提高到社会主义初级阶段“基本经济制度”的高度，在党的历史上还是首次。这反映了党对坚持和发展非公有制经济的坚定不移。其次，党的十五大还进一步对公有制的主体地位和国有经济的主导作用进行了界定，不再单纯强调公有制在所有制结构中量的优势，而是强调其质的优势。最后，在理解“多种所有制经济共同发展”时，突破了将非公有制看作是公有制的“有益补充”的观点，反对人为地划定非公有制经济发展的数量界限。这意味着作为发展生产力的手段，作为与生产力和市场经济体制相适应的所有制形式，非公有制与公有制在地位上是平等的。它们都是社会主义市场经济的重要组成部分，它们在社会主义初级阶段的经济和社会发展中共生共荣，共同为巩固和发展社会主义的经济和政治制度做出贡献。这已为十五大以来我国经济发展的实践所证实。据统计，截至1999年年底，在我国的工业总产值中，国有经济、集体经济和非公有制经济分别占28.5%、38.5%和33.0%，在社会商品零售总额中三者的比重分别为24.3%、18.2%和51.5%。

案例讨论

1. 结合以上案例，谈谈你对中国特色社会主义生产资料所有制结构的认识。

2. 驱动我国对所有制结构进行改革的经济原因是什么？

案例二　个体、混合所有制和国有经济体制的相关案例

材料 1

陶华碧，单说她的名字，许多人也许不太清楚，但提起她的“老干妈麻辣酱”，却是无人不晓。

1989 年，这个没上过一天学的农村妇女拿着省吃俭用积攒下来的一点钱，在贵阳市南明区龙洞堡的一条街边，用四处拣来的砖头盖了个简陋的“实惠餐厅”，独自经营凉粉和冷面。由于她制作的麻辣酱风味独特，非常受欢迎，生意也越做越红火。

1996 年 7 月，陶华碧借南明区云关村委会的两间房子，招聘了 40 名工人，办起了食品加工厂，专门生产麻辣酱，定名为“老干妈麻辣酱”。

1997 年 8 月，“贵阳南明老干妈风味食品有限责任公司”正式挂牌，陶华碧任董事长。2019 年，“老干妈”已成为销售收入破 50 亿元的全国知名企业，产品更是远销海外。

材料 2

联通集团混合所有制改革是首例中央国有企业层面的混改。混改后，联通集团对中国联通的持股比例从原来的 63.7%降到 36.7%，仍是大股东但不再处于绝对控股地位，腾讯、百度等民企成为新的战略投资者；新成立的董事会吸收民营企业代表参与企业经营决策，优化了经营管理机制；中国联通向 7 000 余名核心员工授予占总股比 2.7%的股票，调动了最核心要素的积极性；联通与新的战略投资者在云计算、物联网等领域开展战略合作，培育了创新发展新动能。国企民企以混改“联姻”，改出了国有资本、非公有资本融合发展的新优势。

材料 3

2020 年 4 月 22 日，习近平在陕西汽车控股集团有限公司总装车间察看生产线，了解产品研发、生产、销售和复工复产情况。习近平强调，制造业

是国家经济命脉所系。国有大型企业要发挥主力军作用，在抓好常态化疫情防控的前提下，带动上下游产业和中小企业全面复工复产。

案例讨论

1. 结合材料 1，“实惠餐厅”是什么所有制的经济形式？“贵阳南明老干妈风味食品有限责任公司”又是什么所有制的经济形式？

2. 结合材料 2，分析混合所有制经济的特点、地位和作用。

3. 结合材料 3，新冠疫情对经济造成严重冲击，国有企业发挥的主力军作用包括哪些？国有企业对经济恢复有什么重要影响？

第十三章　社会主义初级阶段的分配制度

引言：马克思主义政治经济学认为，分配决定于生产，又反作用于生产，“而最能促进生产的是能使一切社会成员尽可能全面地发展、保持和施展自己能力的那种分配方式”。从我国实际出发，我们确立了按劳分配为主体、多种分配方式并存的分配制度。实践证明，这一制度安排有利于调动各方面积极性，有利于实现效率和公平有机统一。由于种种原因，目前我国收入分配中还存在一些突出的问题，主要是收入差距拉大、劳动报酬在初次分配中的比重较低、居民收入在国民收入分配中的比重偏低。对此，我们要高度重视，努力推动居民收入增长和经济增长同步、劳动报酬提高和劳动生产率提高同步，不断健全体制机制和具体政策，调整国民收入分配格局，持续增加城乡居民收入，不断缩小收入差距。① 本章将结合习近平同志的相关论述，通过一系列案例分析，引导大家对中国特色社会主义的分配制度进行相应的讨论和思考。

案例一　个人收入分配制度

材料 1

2008 年 7 月 19 号上午，袁隆平院士一家人出现在了“2008 湖南车展”上，被记者拍下了一组照片。两天后，网络上出现了袁隆平逛车展，为老伴挑选座驾，并称袁隆平已有六七辆车的配图新闻。报道里说，袁院士家里已经有六七辆车，还有一辆奔驰敞篷车。这张照片里，袁老参观的这种敞篷的

① 习近平. 不断开拓当代中国马克思主义政治经济学新境界［J］. 党建文汇（上半月），2020(9)：4-6.

奔驰是奔驰的一款顶级跑车，市场的售价为68.8万元。与往常网络中总是充满仇富的讨伐声不同，对于袁隆平看高档车，网民却一边倒地支持。仇富不仇袁隆平，网友力挺袁隆平买车，袁隆平买中国最贵的车都无可厚非，有网友甚至称，袁老就是买七八架私人小飞机也配。

有意思的是，就在网民热挺袁隆平买车的前几天，网友们正在对中国平安董事长马明哲拿6 610万元年薪大加指责和质疑。袁隆平被誉为杂交水稻之父、中国科学院院士，这个家喻户晓的名人到底有多少资产？据《南方日报》报道：

（1）袁隆平现任湖南杂交水稻研究中心主任，每月工资为4 000多元。

（2）获得过国家首届最高科技奖，奖金500万元。此外，世界性基金会和当地政府的重奖也有不少。

（3）2000年，中国第一个以科学家名字命名的股票“隆平高科”上市，名誉董事长袁隆平获得70万股股票期权，再加上之前持有的250万股，以市值计算，袁隆平身家已经过亿。

（4）1998年，我国最大一宗无形资产评估价值额项目——“袁隆平”名字品牌价值为1 008.9亿元。

材料2

2019年（下同）5月28日，央视原著名主持人崔永元在微博曝光一份范冰冰的保密合同，当中列明税后片酬为1 000万元。翌日（5月29日）他又公开一份不具名字的授权书，并配文表示，有人在片场演了4天，就拿下6 000万元，但当中涉及“大小合同”，小的是1 000万元，大的是5 000万元。

5月29日，范冰冰工作室严正声明，指崔永元公开涉密合约，并公然侮辱范冰冰，破坏商业规则，涉侵犯范冰冰的权益；相关媒体等未核实便宣称范冰冰“用大小合同”、散播“拍摄4天片酬6 000万”等谣言，涉嫌构成诽谤。该工作室保留追究法律责任的权利。

6月2日，崔永元再公布一份“大小合同”，并指逃税有法律规管。

6月3日，央视新闻报道，关于影视人员签阴阳合同的涉税问题，国家税务总局已责成江苏等地税务机关调查核实，如有违法，将严格依法处理。当局亦将加强对部分高收入影视人员的税收征管，查处违法违规行为。

10月3日，官方新华社首度证实，国家税务总局以及江苏省税务局目前已查清范冰冰“阴阳合同”涉税问题的案件事实，范冰冰须在限期内缴清近9亿元的欠税及罚款。否则，税务机关将依法移送公安机关处理。范冰冰当日中午在微博发声并贴出致歉信，表示最近一段时间，经历了从未有过的痛苦和煎熬，已深刻反思和反省，更为自己的所作所为感到羞愧、内疚。这数日配合税务机关的调查，完全接受当局的一系列处罚决定。

案例讨论

1. 袁隆平的财产是按照什么分配方式获得的？

2. 改革开放以来，我国为缩小贫富差距在分配制度上做了哪些相应的改革？从这些改革中你受到的经济学启示是什么？

3. 北京师范大学新媒体传播研究中心与责任云科技共同编制和发布了《中国影视明星社会责任研究报告2017—2018》，最高分徐峥为78分，最低分范冰冰为0分。对比袁隆平事件和范冰冰事件，产生不同结果的原因是什么？我们应该如何正确看待贫富差距？

4. 结合现阶段个人收入分配制度和按劳分配的理论，对现实经济生活中个人收入出现差距的现象进行分析。

案例二 收入分配制度

材料1：2007年，居民收入占国民可支配收入比重为57.5%，比1992年下降10.8个百分点，而政府收入和企业收入却呈快速上升趋势。

材料2：据统计，1997—2007年，劳动报酬占国内生产总值地比重从53.4%下降到39.74%。

材料3：城乡居民收入比从1978年的2.36∶1，扩大到2009年的3.33∶1。东西部地区城镇和农村居民收入差距较大，2009年浙江、贵州城镇人均可支配收入分别为24 611元、12 862.53元，农村居民人均纯收入分别为10 007元、3 000元。

材料4：2009年职工平均工资最高的金融业工资是最低的农林牧渔业工资的4.7倍。

材料5：世界银行的一份报告指出，2009年中国的基尼系数高达0.47，大大超出了该系数的警戒线0.4。而在30年前，中国的基尼系数仅为0.21~0.27。

材料6：西南财大中国家庭金融调查中心的数据表明，2016年中国的基尼系数已经达到0.6，根据正态分布原理，这意味着不到5%的人拿到了50%以上的社会收入。

案例讨论

1. 以上6个材料反映了我国在分配制度上还存在哪些问题？这些问题哪些得到了解决？哪些还在改革探索的路上？

2. 有经济学家认为：基尼系数过高对中国而言并不是一件坏事？请问你如何看待我国的基尼系数偏高这一事实？为什么？

3. 我国现阶段的收入分配制度中，是如何处理“公平与效率”的关系的？

第十四章　中国特色社会主义的经济发展

引言：发展才能自强，发展是解决我国所有问题的关键。当前，我国发展仍处于大有可为的重要战略机遇期，经济持续健康发展具有很多有利条件；同时我们也要看到，我国经济正处于增长速度换挡期、结构调整阵痛期和前期刺激政策消化期叠加的阶段，还面临不少矛盾和困难。必须坚持稳中求进、改革创新，切实把推动发展的着力点转到提高质量和效益上来，下定决心稳增长、调结构、促改革，实现更健康、更高质量、更可持续的发展。① 本章将以马列主义、毛泽东思想、邓小平理论、“三个代表”重要思想、科学发展观和习近平新时代中国特色社会主义思想为指导思想，结合经济事实，通过案例引导大家对中国特色社会主义的经济发展做出分析和思考。

案例一　关于社会主义初级阶段基本路线的几则小材料

材料 1

改革开放以来，我们坚持党在社会主义初级阶段的基本路线，以经济建设为中心，推动我国以世界上少有的速度快速发展起来。但在这个过程中，一些地方、一些领域出现了“唯 GDP（国内生产总值）”、片面追求经济增长速度的问题。目前我们遇到的资源过度开发问题、环境污染严重问题、经济结构不合理问题等，都与此密切相关。对此，习近平总书记反复强调，“要全面认识持续健康发展和生产总值增长的关系”“不要简单以国内生产总值增长率论英雄”。

① 中共中央宣传部. 习近平总书记系列重要讲话读本［M］. 北京：人民出版社，2014.

2013 年 9 月，习近平总书记在参加河北省委常委班子专题民主生活会时的讲话中指出，“中央看一个地方工作做得怎么样，不会仅仅看生产总值增长率，而是要看全面工作，看解决自身发展中突出矛盾和问题的成效”。

材料 2

党的十四大确立建立社会主义市场经济体制的改革目标后，对政府和市场关系，我们一直在根据实践拓展和认识深化寻找新的科学定位。党的十五大提出使市场在国家宏观调控下对资源配置起基础性作用，党的十六大提出在更大程度上发挥市场在资源配置中的基础性作用，党的十七大提出从制度上更好发挥市场在资源配置中的基础性作用，党的十八大提出更大程度更广范围发挥市场在资源配置中的基础性作用。

材料 3

“中国是一个大国，必须成为科技创新大国。”2014 年 6 月，在会见探月工程嫦娥三号任务参研参试人员代表时，习近平总书记发出了这样的号召。科技是国家强盛之基，创新是民族进步之魂，科技创新是提高社会生产力和综合国力的战略支撑。必须把科技创新摆在国家发展全局的核心位置，坚持走中国特色自主创新道路，把创新驱动发展作为面向未来的一项重大战略实施好，坚定不移创新创新再创新，加快创新型国家建设步伐。

案例讨论

1. 结合你的经济学知识，谈谈我国现阶段不以 GDP 论英雄的原因以及以 GDP 论英雄会给经济社会造成什么不利的影响？

2. 材料 2 表明了我国对于政府与市场关系的探索，你认为两者是什么样的关系，中国特色社会主义市场经济与西方资本主义的市场经济有何共同点和不同点？

3. 创新与经济增长的关系是什么？为什么我国越来越重视人才的培养和创新？科技创新应该如何融入经济社会？

案例二　关于城镇化问题的几则小材料

材料 1

2013 年 12 月，习近平总书记在中央城镇化工作会议上强调，在我们这样一个拥有十三亿多人口的发展中大国实现城镇化，在人类发展史上没有先例。粗放扩张、人地失衡、举债度日、破坏环境的老路不能再走了，也走不通了。在这样一个十分关键的路口，必须走出一条新型城镇化道路，切实把握正确的方向。

材料 2

国家统计局于 2019 年 8 月 15 日发布新中国成立 70 周年经济社会发展成就系列报告之十七。报告显示，新中国成立 70 年来，我国经历了世界历史上规模最大、速度最快的城镇化进程。2018 年年末，我国常住人口城镇化率达到 59. 58%，比 1949 年年末提高 48. 94 个百分点，年均提高 0. 71 个百分点。

1949 年年末，我国常住人口城镇化率只有 10. 64%。国民经济恢复与“一五”时期，出现了一批新兴工矿业城市，武汉、太原和洛阳等老城市也进行了扩建改造，大批农业劳动力转移到城市工业部门，城市数量和城市人口持续增加。

党的十一届三中全会作出了实行改革开放的重大决策，改革重点很快转向城市，我国城镇化进程开始加速。1992 年，邓小平南方谈话推动改革开放进入新阶段，大批农村剩余劳动力加速向第二、三产业转移。2011 年年末，常住人口城镇化率达到 51. 27%，工作和生活在城镇的人口比重超过了 50%，比 1978 年年末提高 33. 35 个百分点，年均提高 1. 01 个百分点。

党的十八大提出“走中国特色新型城镇化道路”，我国城镇化开始进入以人为本、规模和质量并重的新阶段。为积极推动新型城镇化建设，户籍、土地、财政、教育、就业、医保和住房等领域配套改革相继出台，农业转移人口市民化速度明显加快，大城市管理更加精细，中小城市和特色小城镇加速发展，城市功能全面提升，城市群建设持续推进，城市区域分布更加均衡。

2018 年年末，常住人口城镇化率比 2011 年提高了 8. 31 个百分点，年均提高 1.19 个百分点；户籍人口城镇化率达到 43.37%，比 2015 年提高了 3.47 个百分点，年均提高 1.16 个百分点。

目前，我国城市规模不断扩大，大中小城市发展齐头并进；城市经济持续发展，综合实力显著增强；城市面貌焕然一新，物质文明和精神文明建设互促共进；新型城市蓬勃发展，城市群格局基本形成。

材料 3

2020 年 10 月 1 日，中国社会科学院与经济日报社共同发布了中国社科院（财经院）创新工程重大成果《中国城市竞争力 No. 18：劲革迎疾风：中国的城市与楼市》。代表着城市综合实力的综合经济竞争力排名一直是大家关注的焦点。与 2019 年相比，前三强城市没有变化，仍然是深圳、香港、上海，而且它们还不仅仅是蝉联，5 年前它们就占据着三强席位。北方有 60%的城市综合经济竞争力排名处于下降状态；南方城市综合经济竞争力排名处于上升状态的占比高达 83%。

东部城市总体排名平均上升 3.5 名；中部城市普遍上升，总体排名平均上升 15.5 名；东北城市普遍下降，总体排名平均下降 50.8 名；西部城市有升有降，总体平均上升 1.9 名。总体呈现“东高西低、南高北低、东升西稳、南升北降”局面。

综合经济竞争力较强的城市主要分布在京津冀城市群、山东半岛城市群、长三角城市群、海峡西岸城市群、珠三角城市群、成渝城市群以及中部的中心城市。

材料 4

习近平总书记强调：“要保持加强生态文明建设的战略定力。保护生态环境和发展经济从根本上讲是有机统一、相辅相成的。不能因为经济发展遇到一点困难，就开始动铺摊子上项目、以牺牲环境换取经济增长的念头，甚至想方设法突破生态保护红线。”这就要求我们牢固树立绿水青山就是金山银山的理念，正确处理发展与环保的关系，坚持从经济发展与环境保护两个方面同时发力、相向而行，力争经过一个时期的努力，实现两者有机融合、良性互动。在认识和处理经济发展与环境保护的关系上，应把握好两个原则：一是发展经济绝不能以牺牲生态和环境为代价，要在加强环境治理基础上推动经济发展；二是加强环保治理不能搞“一刀切”，不能突破经济安全运行的底线，坚持在发展中保护、在保护中发展。

案例讨论

1. 结合材料1，谈谈我们应该如何走出一条新的城镇化道路。

2. 结合材料2，分析我国城镇化进程快速推进的背后原因？快速的城镇化给我国的经济发展带来了什么好处？留下了什么问题？

3. 材料3说明了什么？出现这种现象的原因是什么？

4. 结合材料4，谈谈经济发展与环境保护之间的关系并讨论我们应该如何走出一条高质量的绿色经济发展道路？

第十五章　社会主义市场经济中的政府经济职能

引言：政府和市场关系的问题是经济学中的一个重要问题。党的十八届三中全会提出，经济体制改革是全面深化改革的重点，核心问题是处理好政府和市场的关系，使市场在资源配置中起决定性作用和更好发挥政府作用。这是我们党对政府和市场关系认识的又一重大突破。市场经济的运行从一开始就离不开政府的参与，“凯恩斯革命”之后，政府对经济活动的重要性在理论认识上得到了进一步的提升。中国特色社会主义市场经济的建立和发展，既是对政府和市场关系认识的深化，也是对政府经济职能的丰富和完善。2014 年 5 月 26 日，习近平主持中央政治局第 15 次集体学习时强调：“在市场作用和政府作用的问题上，要讲辩证法、两点论，‘看不见的手’和‘看得见的手’都要用好，努力形成市场作用和政府作用有机统一、相互补充、相互协调、相互促进的格局，推动经济社会持续健康发展。”政府的经济职能和宏观调控手段，要随着时代的发展不断与时俱进，习近平同志在党的十九大报告中指出：“创新和完善宏观调控，发挥国家发展规划的战略导向作用，健全财政、货币、产业、区域等经济政策协调机制。”党的十九大报告指出，我国社会的主要矛盾已经发生了新的变化，无论是以新发展理念引领经济发展新常态，还是推进国家治理体系和治理能力现代化，都需要进一步丰富和健全宏观调控的方式手段。本章将从社会主义市场经济中的政府职能和宏观调控的角度提出相关案例并指导同学们分析。

案例一　企业并购

材料 1

1996—2001 年，全球企业并购高潮迭起。但是，并购不一定能为企业带来神话。毕马威（KPMG）咨询公司的最新报告表明，1997—1999 年的合并案例中有 40%没有起色，而 30%合并适得其反，仅有 30%产生了积极影响。

1994 年，宝马以高价收购了英国著名的罗孚汽车公司，但此后罗孚连年亏损。无奈之下，宝马 2001 年 5 月 10 日宣布，以象征性的 10 英镑作价，向凤凰财团出售罗孚车厂。据宝马估计，在收购罗孚的 6 年中共花去 46 亿欧元，其中包括购入价、国家补贴、重组及投资的费用与损失。再看看全球一（Global One）的经历。全球一是一家由法国电信、德国电信和美国斯普林特公司三方出资于 1996 年 1 月组建的一家从事语音和数据传送服务的公司。成立之初，公司主席威廉·伊斯雷踌躇满志，声称“世界上没有别的公司能提供如此独一无二的服务”。但不出 3 年，合作三方却陷入了挽救这一垂危“新生儿”的泥潭。在此紧急关头，三方相互推卸责任，明争暗斗，最终三方终止合作，改由法国电信经营。全球一的遭遇并非独一无二。美国在线与贝塔斯曼公司曾于 1995 年组建一家在线服务公司，目标是瞄准欧洲市场，但随着美国在线战略的改变，其改与时代华纳的联姻，昔日的朋友成为竞争对手，双方的合作在 2000 年瓦解。据专家估计，因并购而取得一些成功的公司中，由于人员变动、经营战略改变等原因仍会使企业难逃厄运。福特汽车与德国大众 1994 年决定各持股 50%在葡萄牙合资生产豪华轿车，但时隔不久福特改变战略，认为自己单独生产更有利，于是合作不到 4 年双方便分道扬镳。企业联姻不成功的例子还有许多，如 IBM 与苹果电脑和摩托罗拉曾于 1991—1998 年合作生产芯片，旨在与微软和英特尔争夺市场份额，结果该合作以 IBM 的退出而告终。美国电话电报公司与英国电信 1998 年 7 月组建的康瑟特公司，由于公司的管理层之间缺乏沟通和公司提供的服务质量下降而惨遭淘汰。

材料 2

当前，我国正面临着复杂而严峻的失业问题。主要表现在：

（1）劳动力供求总量矛盾突出。由于人口出生高峰期出生的人口正在跨入劳动者行列，“十五”期间新达到就业年龄的劳动力较“九五”时期平均每年多290万人。2000年城镇登记失业率是3.1%，2001年是3.6%，城镇登记失业人员681万人，国有企业下岗职工515万人，而且城镇登记失业率继续攀升，2002年年中就达3.8%。另外，农村还有1.5亿左右的富余劳动力急待转移。与此同时，就业岗位的增加量相对减少。由于结构调整、技术进步等原因，经济增长创造的就业岗位在相对减少，20世纪90年代就业弹性系数下降到0.1左右。因此，尽管我国保持了较高的经济增长速度，但20世纪90年代每年实际净增的就业岗位只有700万个左右。2001年全年实际净增的就业岗位达到940万个，但也不到20世纪80年代平均水平的一半。劳动力明显供大于求，据劳动和社会保障部公布的数据，2001年第四季度，100名求职者只有75个就业岗位。

（2）求职者发生了一些新变化。据中华人民共和国劳动和社会保障部2001年6月的调查，青年求职者已占主体，35岁以下的求职者占七成以上，这与过去求职者主要为35岁以上大龄群体有明显的不同。且求职者文化程度较高，近一半为高中文化程度，大专以上者占1/3。

（3）国企下岗职工出中心的压力较大，再就业率偏低。据中华人民共和国劳动和社会保障部的调查，2001年协议时间到期的下岗职工占57%，2002年占33%。但由于七成下岗职工同原企业存在债务关系，而这些处于困境的企业解决不了债务和出中心的经济补偿问题，严重阻碍了下岗职工出中心和解除劳动关系。下岗职工年龄偏大，35岁以上的占72.5%，受文化素质、职业技能等因素的制约，再就业难度增大，就业困难者增多。2001年实现再就业的下岗职工为227万，比上年减少133万，再就业率仅为30.6%。

（4）加入世界贸易组织（WTO）初期，结构性失业人员会有所增加。从长期看，加入世贸组织能够使我国对外贸易享受多边、稳定、无条件的最惠国待遇，加快我国劳动密集型产业的发展，从而增加就业机会。但在初期，面对压力，各行业、各企业将会加大结构调整的力度，进行资产重组、减员甚至破产，从而导致结构性失业人员增加。另外，经济全球化背景下的世界经济低迷以及一些发达国家失业率的居高不下，也会使就业岗位的国际化竞争加剧。总之，针对日益突出的失业问题，扩大就业已成为我国经济社会发展面临的紧迫课题。

我国是一个人口大国，就业岗位的供不应求将是一个长期现象。在20

世纪50年代初、60年代初期和末期、70年代末，我国都曾面临过相当严重的就业压力。20世纪90年代中后期至今，我国的就业形势再次收紧。其中国有企业职工比较集中的“下岗”问题，由于通货紧缩及市场商品供求失衡导致的企业普遍开工不足、农村剩余劳动力向城镇转移问题等构成了这个时期失业的新特征。对失业问题要辩证地来看。失业率上升，这不是一件好事，但经济结构日趋合理、企业改革深化、劳动关系理顺、城乡统筹就业以及失业从隐性走向显性，都对经济发展发挥着良性的作用，应该说又是一件好事。缓解失业问题，根本上是要靠经济持续稳定健康的发展。经济增长是扩大就业的前提条件。从最近十几年我国的实际情况看，国内生产总值每增长1%，大约可增加100万个就业岗位；国内生产总值增长率在5%以下时，失业人员就会明显增多。因此我们必须继续实行积极的财政政策和稳健的货币政策，进一步扩大内需，保持较高的经济增长率，这是解决就业问题的根本保障。同时，要统筹兼顾公有制经济与非公有制经济的发展。近年来，非公有制经济所创造的就业岗位一直占新增就业岗位的大部分，所以我们应当努力促进非公有制经济的发展。

加快发展第三产业，不仅是我国产业升级、经济结构调整的必然选择，也是增加就业的主要渠道。从每个产业的增加值每增长一个百分点所带动的就业增长百分点（就业弹性）来看，2000年第三产业的就业弹性为0.39，远高于第二产业的0.15和第一产业的0.25。再从每个产业的就业增长对中国总体就业增长的贡献率来看，2000年第三产业的就业贡献率为105%，远高于第一产业的37%和第二产业的-39%。也就是说，过去几年中国就业的增长，主要是靠第三产业的发展。加入WTO后，只要我们采取积极的政策，第三产业的经济增长必然加快，服务业发展的空间将会越来越大，就业的机会将会大量增加。

加大教育培训力度，提高劳动者素质，也是缓解失业、促进就业的出路。目前我国劳动力市场上供求的结构性矛盾很突出，据2002年中华人民共和国劳动和社会保障部公布的数据，第二季度，中级专业技术职务，平均131个需求岗位只有100个劳动力供给，甚至于初级专业技术职务的人员也出现了供不应求。在东部地区，对高级专业技术职务劳动力的需求是其供给数量的5倍多。另外，对技术工人的需求近年也一直在上升。因此，教育培训作为缓解结构性失业问题的主要措施，亟待加强。只要我们注意加强教育培训的针对性、有效性和实用性，把教育培训与就业需要密切结合起来，就一定能收到好的效果。

我们还要不断加快城镇化进程，逐步把解决就业问题的重点转向农民。目前，我国城镇化水平还比较低，这既说明我国的就业结构明显落后，也说明我国城镇还有较大的发展和就业空间。因此，逐步把就业工作的重点转移到农民有序流动到非农产业和城镇上来，有利于促使就此结构合理化和促进社会经济发展。

案例讨论

1. 根据材料1，分析企业并购的利弊，并谈谈如何实现企业并购、资本重组的最大效益。

2. 根据材料1，我国市场化改革后，企业兼并、资本重组、跨区域经营、全球化战略渐成趋势，你认为需要注意哪些方面来防止失败和倒退？

3. 根据材料2，你了解我国的失业状况吗？你对失业是怎样认识和理解的？你是如何看待书本上理论与现实的差距的？

4. 根据材料2，解决失业是国家宏观经济管理的目标之一，你认为缓解失业问题有哪些工作要做？

案例二　市场经济中外部性与市场失灵的关系

20世纪初的一天，列车在绿草如茵的英格兰大地上飞驰。车上坐着英国经济学家庇古（A. C. Pigou）。他边欣赏风光，边对同伴说：列车在田间经过，机车在田间经过，机车喷出的火花（当时是蒸汽机车）飞到麦穗上，给农民造成了损失，但铁路公司并不用向农民赔偿。这正是市场经济的无能为力之处，即“市场失灵”。

将近70年后，1971年，美国经济学家乔治·斯蒂格勒（G. J. Stigler）和阿尔钦（A. A. Alchian）同游日本。他们在高速列车（这时已是电气机车）上见到窗外的禾田，想起了庇古当年的感慨，就问列车员，铁路附近的农田是否受到列车的损害而减产。列车员说，恰恰相反，飞速驰过的列车把吃稻谷的飞鸟吓走了，农民反而受益。当然铁路公司也不能向农民收“赶鸟费”。这同样是市场经济无能为力的，也被称为“市场失灵”。

同样一件事情在不同的时代与地点结果不同。两代经济学家的感慨也不同。但从经济学的角度看，火车通过农田，无论结果如何，其实说明了同一件事：市场经济中外部性与市场失灵的关系。

案例讨论

1. 什么是市场失灵？造成市场失灵的主要原因是什么？

2. 请运用经济学原理分析说明两代经济学家的感慨？

案例三　中国经济形势开始转好

1997 年年末，由于国内一些因素的变化，再加上东南亚金融危机的催化，中国出现了市场疲软，经济活动放慢的病象。从 1998 年年初开始更进入了通货紧缩，即物价总水平持续下降的状态。需求不足、产品滞销与企业利润减少和紧缩开支之间互相影响，形成了恶性循环。从 1998 年起，政府采取了一系列反衰退的经济措施。到 2000 年年初，我国经济增长速度下滑的趋势得到遏制，经济生活中出现了积极的变化，2000 年实现了 8%的 GDP 增长。目前，虽然经济界和经济学界对经济好转的性质和深度还有某些分歧，但是绝大多数人对于经济走势出现了重大转机这一点已经没有太大的分歧。而在推动经济转机的原因的问题上，经济学界存在着很不相同的认识，从而对今后的政策着力点有不同的想法。

一种观点认为，促成经济根本性变化的基本原因，是政府在过去三年中采取的积极的财政政策和扩张的货币政策。在这三年中，政府发行了 3 600 亿元的国债，用来进行基础设施和其他方面的投资。再配合适度扩张的货币政策和刺激消费的政策，增加了需求，拉动了增长率回升，今后仍然主要依靠积极的财政政策和货币政策来支持持续稳定的经济增长。

另一种观点（吴敬琏的观点）并不否认积极的财政政策在扼制经济下滑中所起的作用，但是该观点持有者认为仅仅靠以积极的财政政策为主的需求政策并不足以造成经济发展态势的根本转变。中国经济在 2000 年出现重大转机的原因，从政策层面说，不能仅仅归因为以积极的财政政策为主体的扩张性的需求政策，而应归因为需求方面和供给方面双管齐下的“两手政策”。2000 年的重大转机，是“两手政策”共同起作用的结果。这是因为：第一，仅靠每年区区几千几百亿元的财政投资并不足以拉动总额每年高达 3 万亿元左右的投资需求。第二，财政政策除了有它的正面作用，还有它的局限性和负面效应：一是挤出效应。政府财政投资的实质，是借用民间的资金来投资，增加了政府用以投资的财源，会相应减少民间可以用于投资的资金。二是大部分的竞争性部门政府投资的效率不如民间投资，政府投资规模太大，持续的时间太久，会造成全社会投资效率的下降。第三，更重要的是长期使用财政政策来支持经济增长会抑制民间投资的积极性。这是因为，债务是需要归还的；财政投资的主要范围是公共基础设施，其赢利水平比较低，回收期又很长，这就要用税收收入来偿还；如果其他条件不变，税收增加势必影响民间投资的积极性。因此从短期来看，财政投资的积极效应大于消极效应，但是扩张性财政政策拖得太久，它的消极效应就会变大，甚至超过积极效应。

1997 年 10 月，党的十五大成为我国改革迈向新阶段的里程碑，此后采取的一系列措施有力地焕发了供给方面的活力：

第一，党的十五大以后，我们把多种实现形式的公有制为经济主体、多种所有制经济共同发展确定为我国的基本经济制度，并且把非公有制经济提高到社会主义市场经济的重要组成部分的高度。这些写入我国宪法的规定为充分发挥各种所有制企业的活力奠定了宪法基础。

第二，为了给国有企业每年数百万下岗职工创造岗位，从 1998 年中期开始，政府陆续采取措施来解除对民营企业的束缚，改善中小企业的经营环境和刺激民间投资的积极性。比如，为缓解小企业融资困难，商业银行加强了对中小企业的信贷服务，建立为小企业贷款担保基金或者公司等。

第三，党的十五大和 1999 年党的中共十五届四中全会反复强调了“放开搞活国有中小企业”的必要性。这样，数以十万计的国有中小企业和县乡镇政府所属的乡镇企业摆脱了上级行政主管机关的束缚，改制为真正的企业。

第四，党的十五届四中全会决定加快国有大型企业的改革。在这以后，国家采用了行业改组与企业公司化改制相结合的方法，对石油、通信、铁路、电力等大型国有企业集中的行业进行重组，大致做了三件事：实现政企职能分离和建立新的政府监管框架；打破行业垄断，促进企业间的竞争；通过重组过的公司在国内外证券市场首发募集和上市交易，在股权多元化的基础上把公司治理的基本框架建立起来。不过由于国有企业有几十年计划经济的历史惯性，而且大企业一般存在“船大难掉头”的问题，公司治理的某些重要问题就难于马上得到解决，所以对大多数从国有企业改制的大公司提高效率、增加盈利的效果还不能估计过高。

案例讨论

1. 我国经济走出低谷的主要原因是什么？

2. 我国经济走出低谷是否同我国近年来所采取的宏观经济政策有关？

案例评析

（1）2000年以来，我国国民经济保持良好的发展势头。2001年第一季度，我国国内生产总值增长8.1%，工业生产保持较快增长，经济增长质量继续提高，固定资产投资增速度加快，国内市场销售比较活跃。这是近几年来我国在需求和供给两方面采取一系列有效政策的结果。吴敬琏教授说得对，要启动经济，拉动需求，光靠积极的财政政策是不够的，还要从供给方面下功夫。我们既要重视供给对需求的依赖性，从需求方面来促进供给，特别是在有效需求不足的情况下，要积极扩大需求；但同时要看到，需求也依赖于供给，注重供给对需求的制约和促进作用。有效需求不足不光是需求问题，还有供给问题。有效供给不足限制了消费需求。消费需求的实现，除了消费者必须有支付能力外，还要有商品和劳务的相应供给。而且这种供给必须对实现消费需求是有效的，即这种供给能适应消费需求，能把消费者的购买力吸引出来，使有支付能力的需求转化为现实的消费需求。在现实经济生活中，并非所有的供给都是有效的，往往有一个或大或小的供给量属于无效供给。无效供给有两种情况，一是超出购买力的过剩供给，一是不适应消费需求的不良供给，如商品和劳务的品种、档次不符合消费需要，商品和劳务的价格过高，超出了消费者愿意支付的合意的价格水平，商品和劳务的质量差或无保证等。

（2）为了巩固和发展已经转好的经济形势，我们应继续从供给和需求两个方面做好各项工作。一是努力扩大消费需求。消费需求是社会最终需求的主要组成部分，对经济增长的拉动作用最为直接，效果也最明显。2000年我国经济增长的8%中有5.3个百分点是由最终消费拉动的。当前，增加消费对于解决商品和生产能力结构性过剩问题，实现投资和消费的良性循环，促进经济增长具有特别重要的意义。我们应积极采取促进消费的政策，扩大居民住、行和教育、旅游等消费。二是鼓励和引导社会资金增加投入。要采取切实有效的政策和措施，为增加社会投资营造一个更为宽松有利的外部环境。对社会投资放开投资领域。除关系国家安全和必须由国家垄断的领域外，其余领域都应允许社会资本进入。鼓励和允许外资进入的领域，都应向社会资金开放，允许社会资金以独资、合作、联营、参股、特许经营等方式进入。鼓励社会资金参与国有经济战略性调整。三是继续发挥财政资金在增加投资和扩大消费方面的作用。今年我国将继续实施积极的财政政策，发行 1 500 亿元建设国债，集中用于在建项目和西部开发。这是促进整个经济增长的一项重大措施，对于扩大投资规模和促进经济发展至关重要。要在管好国债资金，提高资金使用效益的同时，努力发挥财政资金在扩大消费方面的积极作用。四是进一步发挥金融对经济发展的支持作用。金融是刺激经济增长的重要手段。要灵活运用多种货币政策工具，保持货币供应量的适度增长。要做好国债资金项目配套贷款的投放工作，对产品有市场、守信用的企业及时发放流动资金贷款。加快建立个人信用制度，进一步扩大消费信贷。

案例四　我国 20 世纪 90 年代利率连续下调的作用分析

从 1996 年 5 月 1 日到 2002 年 2 月，中国人民银行先后 8 次降低金融机构法定存贷款利率。如一年期存款利率从降低前的 10.98% 降为现在的 1.98%，下降了近 5 倍；一年期贷款利率从 12.06%降为 4.54%下降了 1.5 倍左右。如此下降幅度在我国历史上是罕见的。开始的降息是为了把 1995 年以前过高的利率降下来恢复到合理水平，后来的降息则是针对经济增长减缓和通货紧缩的。实践证明，利率下调对刺激消费市场、股票市场，促进企业利润增加，成本降低，减轻银行风险和负担等，都有积极的作用。

案例五　玻璃行业如何走出亏损困境

1999 年以来，我国新建、在建和筹建的玻璃生产线达 39 条，新增生产能力相当于 2000 年度玻璃总生产能力的 33%，重复建设过猛，供需失衡导致价格下降，经济效益整体下滑，近 1/3 的国有及国有控股的玻璃生产企业亏损，玻璃行业再次吞咽自酿的苦果。据介绍，此轮玻璃行业投资的兴起，利益驱动是根本原因。由于 1997 年全行业亏损已近 10 亿元，所以，1998 年采取压缩生产、淘汰落后、抵制低价倾销等措施，使玻璃总量得到了有效控制，价格回升，企业经济效益明显好转。但是，在不少企业有了一定的投资实力后，禁不住利润的诱惑，再加上竞争的需要，都想通过上新线来扩大生产能力，把自己做大。这样很快就出现了重复建设过猛，导致市场严重供大于求，价格下跌的局面。整个行业又面临亏损边缘，不少刚刚扭亏的企业又重陷亏损困境。于是，2001 年 12 月国务院办公厅转发了国家经贸委、国家计委《关于从严控制平板玻璃生产能力切实制止低水平重复建设的意见》，要求地方政府一律停止审批任何形式的扩大平板玻璃生产能力的建设项目，更不能化整为零搞低水平重复建设。凡越权审批项目的，将严肃追究审批者和相关责任者的责任。

案例讨论

1. 在市场经济条件下，重复建设会不会自动消失？为什么？
2. 上述情况，用行政手段能否奏效？利弊如何？

案例六　宏观经济管理

国家发展和改革委员会在 2007 年 2 月 25 日公布了《医药价格工作守则（暂行）》（以下简称《守则》），其中明确提出，制定医药价格必须经过成本价格调查、专家评审或论证、听取各方面意见、集体讨论、集体审议的程序。

《守则》明确规定，进驻医药企业进行成本调查，要有两名以上医药价格管理工作人员参加。调查结果要与企业沟通后由全体调查人员签字，如实反映企业及调查组成员的不同意见。不得以任何方式向企业收取费用。

《守则》要求，组织医药价格评审或论证，要在纪检监察部门现场监督下，在专家库中随机抽选专家。研究分析医药价格基础数据、提出价格调整原则方法及价格调整建议、拟定价格调整方案，要进行集体讨论。确定价格方案，要进行集体审议。坚持集体研究和审议。召开重要会议，邀请纪检监察部门派人参加。

“广泛听取社会各方面的意见，有条件的要通过媒体面向社会公开征求意见。”《守则》提出，出台医药价格政策和具体调整方案，还要以适当方式与相关企业进行沟通。

为严肃工作纪律，守则明确规定，医药价格管理人员不得以任何方式接受医药企业给予的财物，不得接受医药企业的宴请和出国邀请，不得向企业提出个人要求。从事医药价格管理工作的人员，要坚持进行定期轮岗交流。《医药价格工作守则（暂行）》自2007年3月1日起执行。

案例讨论

1. 政府为什么要进行价格管理？政府的价格管理会不会产生消极作用？如何避免可能的消极作用？

2. 政府进行宏观经济管理的依据是什么？

3. 企业应如何在追求利润最大化的过程中既遵守社会道德，又遵守市场准则？

第十六章　经济全球化和国际经济秩序

引言：经济全球化是人类的经济活动发展到一定阶段后的必然产物。随着生产力的提高、分工的细化以及市场的拓展，经济活动从局部地区和部分国家拓展到更为广泛的全球领域和多个国家，在结果上就表现为经济全球化。从马克思主义政治经济学的视角来看，经济全球化并非仅仅是生产力层面的问题，经济全球化本身也带有一定的生产关系属性。近年来，世界经济所遇到的新挑战和新机遇、经济全球化所呈现出来的一系列新特征，其实都是世界范围内生产力和生产关系矛盾运动的结果。党的十九大以来，习近平总书记多次就经济全球化发表重要讲话。在2017年的达沃斯世界经济论坛上，习近平指出："世界经济的大海，你要还是不要，都在那儿，是回避不了的。想人为切断各国经济的资金流、技术流、产品流、产业流、人员流，让世界经济的大海退回到一个一个孤立的小湖泊、小河流，是不可能的，也是不符合历史潮流的。"在2019年的第二届中国国际进口博览会开幕式上，习近平总书记则又进一步指出："我们应该谋求包容互惠的发展前景，共同维护以联合国宪章宗旨和原则为基础的国际秩序，坚持多边贸易体制的核心价值和基本原则，促进贸易和投资自由化便利化，推动经济全球化朝着更加开放、包容、普惠、平衡、共赢的方向发展。"这些论断为我们正确认识当前经济全球化提供了有力的指导。本章将从经济全球化的新发展和区域经济一体化的角度提出相关案例并指导同学们进行分析。

案例一 经济全球化

发展中国家虽然在人口总量上占世界的绝大多数，其总收入仅占全球总产值的一小部分。例如，中国、印度、印度尼西亚和巴西这几个约占世界总人口一半的国家的总收入仅占世界总产值的六分之一。而发达国家如美国、欧盟国家、日本、加拿大等国的总收入和人均收入这两项指标一直居世界前列。目前，世界上不到400位最富有的人所拥有的财产超过全球一半人口的年收入的总和。在过去的30年里，占全球人口20%的最贫穷者的收入在世界总收入中所占比例从2.3%下降到1.4%。与此同时，全球最富有的20%的人口所得收入在世界总收入中所占的比例由70%上升到85%。据统计，从1960年到1993年，工业化国家和发展中国家的人均收入的差距拉大了近两倍，从5 700美元拉大到15 400美元。

联合国开发计划署的报告曾指出："至少有100来个国家15年来一直处境不佳，由于发展水平低而未能享受到经济全球化的好处。"另有资料指出，全世界至少有2/3的人被排斥在经济全球化之外，并受到全球化的伤害或被全球化所忽视。

几十年来，广大发展中国家虽然向发达国家支付了巨额利息，然而其外债的规模仍然在不断增长。据拉美经济委员会的统计，从1992年到2001年的10年中，拉美和加勒比地区19个国家支付的外债利息高达4 830亿美元，同时，其债务总额却增加了2 380亿美元，共计达到7 090亿美元，其中巴西、阿根廷、墨西哥、哥伦比亚、智利、委内瑞拉和秘鲁等七国的外债就占了拉美外债总额的91%。而与之相对照，拉美国家在20世纪80年代中期的外债总额尚为3 600亿美元。

第二次世界大战以后，国际直接投资的增长速度大大加快。然而在20世纪80年代以前，国际直接投资主要集中在少数发达国家，广大发展中国家引进的外国直接投资相对较少。进入20世纪90年代以后，发展中国家的投资环境有所改善，其吸纳的外国直接投资迅速增加。但是，外国直接投资在发展中国家之间的分布是不平衡的。据世界银行《全球金融发展报告》的统计，从1994年到1996年，流入发展中国家的国际直接投资由1 613亿美元增加到2 438亿美元，其中流向东亚和拉美的外资由1 246亿美元增加到1 830亿美元，流入撒哈拉以南非洲地区的外资仅由52亿美元增加到118

亿美元。流入发展中国家的全部外国直接投资的80%流向了亚洲和拉美的12个国家。

在世界贸易总额中，广大发展中国家所占比重长期在1/5~1/3徘徊，发达国家则一直占绝大部分。由于大多数发展中国家的出口产品长期以初级产品为主，其出口价格受到国际市场供求变化的影响而波动很大，其贸易条件在不断恶化（出口同样多的产品所能换回的进口商品的数量不断减少）。少数工业基础比较好的发展中国家以出口制成品为主，它们在发展中国家的出口贸易中占有很大份额，但这些国家也常常受到发达国家贸易保护主义的限制而处于不利地位。受到以上因素以及其他一些因素的影响，发展中国家在全球贸易中所占的比重难以得到提高。

发展中国家与发达国家在科学技术方面的差距尤为悬殊。据联合国教科文组织1996年世界科学报告的统计，经济合作与发展组织（OECD）成员国在全世界研究与开发（R&D）活动的总支出中所占比重高达85%，而中国、印度和亚洲新兴工业化国家和地区在研究与开发的开支总计所占全世界的比重仅约为10%，其他大多数低收入发展中国家的这一开支就更加微乎其微了。不仅如此，经济合作与发展组织（OECD）成员国还拥有世界科学家和工程师人数的一半以上，其余不到一半的大部分集中在独联体、中欧、东欧以及印度、中国、东亚新兴工业化国家和地区。尤其在高科技领域的研究开发和科技人才方面，发展中国家与发达国家的差距悬殊更大。

人们通常用两个以下指标来衡量全球化的程度：贸易额与国内生产总值（GDP）之比的变化、吸纳的外国直接投资占国内生产总值的比重。据1996年《世界银行政策与研究报告》，在经济增长最快的东亚地区，实际贸易额与国内生产总值的比值，1975—1984年平均每年增长1.2%，1985—1994年平均每年增长1.5%；而南亚地区同期这一指标分别为0.2%和0.3%；中东、北非地区分别为-0.3%和0.1%；撒哈拉以南非洲地区分别为-0.5%和-0.15%。从外国直接投资占国内生产总值的比重看，东亚地区1981—1983年平均为0.8%，1991—1993年上升到1.2%；南亚地区两个时期分别为0.5%和0.1%；中东和北非地区分别为1.0%和0.25%；撒哈拉以南非洲地区分别为0.3%和0.15%。

案例讨论

1. 请结合上述资料以及相关知识，描述经济全球化目前的主要发展特点和状态。

2. 导致经济全球化的发展出现上述特点和状态的历史和现实的原因是什么？经济全球化的发展趋势及其对世界经济的影响将会如何？

3. 请运用马克思主义政治经济学的基本原理和方法进行分析，广大发展中国家对待经济全球化的态度和策略应当是怎样的？

4. 包括发达国家和多边国际经济组织在内的国际社会在推动经济全球化的进一步发展中应当发挥什么样的作用？

案例二　区域经济一体化

在当今世界经济的发展中，涌动着经济全球化和区域经济一体化两股大潮。所谓“区域经济一体化”是指通过拆除阻碍商品和要素流动的各种障碍，地理位置相邻近的两个或两个以上国家（地区）的经济在体制上组合为更大规模的经济集团。区域经济一体化通常包括自由贸易区、关税同盟、共同市场、经济与货币联盟、完全的经济一体化等成员国（地区）之间的经济合作层次和经济融合程度依次逐渐不断提高的几种类型。

案例讨论

1. 请同学们自己收集资料进行归纳：区域经济一体化在欧洲、美洲和亚洲三大地区的发展状况是怎样的？它们分别发展到了什么层次（类型）？

2. 区域经济一体化对其成员国（地区）的经济、对其他国家（地区）的经济以及对世界经济有何影响？

3. 经济全球化和区域经济一体化之间有着什么样的关系？

4. 我国为什么要与东盟国家建立“中国—东盟自由贸易区”？

第十七章　经济全球化条件下的中国对外开放

引言：经济全球化在更大程度上使得各国之间的经济更为紧密地联系起来，因此也就使得传统的经济危机具有了更广的传播范围，同时也加剧了经济危机对各国经济的破坏力度。但是，对经济全球化过程中的这种现象要理性看待，不能因噎废食，正如习近平总书记在2017年的达沃斯世界经济论坛上指出的："国际金融危机也不是经济全球化发展的必然产物，而是金融资本过度逐利、金融监管严重缺失的结果。把困扰世界的问题简单归咎于经济全球化，既不符合事实，也无助于问题解决。"经济全球化在现象上表现为要素在全球范围内的配置，但是，这种要素配置对不同国家而言其作用和影响是截然不同的。资本主义生产关系占统治地位以来，经济全球化主要由发达资本主义国家发起和推动，因此全球经济所建立的制度和规则不可避免地要更有利于发达资本主义国家，而发展中国家则在一定程度上充当着"外围"国家的角色，受"中心"国家的剥削，所以，经济全球化在发展中并非一帆风顺，甚至会由于利益分配的不公平和权力分配的不公正出现逆全球化和反全球化的现象。面对这些新现象，我们应积极探索经济全球化的新治理途径，而不应退到保护主义的窠臼中闭关锁国，正如2017年9月习近平总书记在新兴市场国家与发展中国家对话会上所说："我们要为开放型世界经济鼓与呼，坚定支持多边贸易体制，反对保护主义，引导经济全球化实现包容、普惠的再平衡。""要努力提升新兴市场国家和发展中国家在全球经济治理中的代表性和发言权，推动形成更加公正合理的国际经济秩序。"本章将从经济全球化与国际经济关系的角度搜集相关案例并指导同学们进行分析。

案例一　经济全球化下的经济危机和发展中国家的机遇

材料1

自1997年7月起，爆发了一场始于泰国、后迅速扩散到整个东南亚并波及世界的东南亚金融危机，使许多东南亚国家和地区的汇市、股市轮番暴跌，金融系统乃至整个社会经济受到严重创伤。1997年7月至1998年1月仅半年时间，东南亚绝大多数国家和地区的货币贬值幅度高达30%~50%，最高的印尼盾贬值达70%以上。同期，这些国家和地区的股市跌幅达30%~60%。据估算，在这次金融危机中，仅汇市、股市下跌给东南亚国家和地区造成的经济损失就达1 000亿美元以上。受汇市、股市暴跌影响，这些国家和地区出现了严重的经济衰退。这次东南亚金融危机持续时间之长、危害之大、波及面之广，远远超过人们的预料。然而，危机的发生绝不是偶然的，它是一系列因素共同促成的必然结果。仅从外部原因看，是国际投资的巨大冲击以及由此引起的外资撤离。据统计，危机期间，撤离东南亚国家和地区的外资高达400亿美元。在开放条件和应变能力尚不充分的情况下，过早地开放金融市场，加入国际金融一体化，当国际游资乘机兴风作浪时，一些东南亚国家和地区不知所措或措施不力，使自己完全处于被动地位。

这个案例说明经济全球化使世界经济发展的不稳定性增强。经济全球化使各国经济的相互联系与依存度不断增强，任何国家的经济波动都会波及与其有经济交往的其他国家和地区，使之发生不同程度的失衡甚至危机。同时，国际金融市场的急剧扩大、金融创新工具的增多以及投资的自由化，成为全球经济不稳定的重要根源，并成为全球经济动荡和危机蔓延的主要媒介。

材料2

中国低价格产品涌入，使意大利纺织业处境艰难。但是，莫德纳的一家小型女性内衣厂却有制胜良方。这家工厂名叫SG3，位于米兰附近的莫德纳，专门制作高档名牌女性内衣，中国工厂不可能在短时间内以低成本生产出同类产品。SG3的生存故事可能会给意大利大量的小作坊以及很多面临发展中国家廉价产品冲击波的发达国家提供宝贵经验。SG3 的老板玛迪亚·坎比介绍说，他们的顾客多是年龄在 25~40 岁，时装意识强烈，特别在意内衣品质的女性。很多情况下，这些顾客是为了生活中的“特别时刻”特别选择 SG3 产品。SG3 的产品目录中，满是身着美丽内衣的漂亮女性。这家工厂的秘诀就是在内衣市场中占据一个特殊地位，顾客更在意的是质量、时尚，而不是价格。SG3 是一个家庭控制的小企业，现在的老板玛迪亚是创始人的孙子。玛迪亚说，他们的产品大多是自己的母亲设计的。他们曾经请过设计师，但是设计师设计的产品销量还不如母亲设计的产品。因为，母亲一生都在这个小厂工作，知道什么产品畅销。工厂的车间就在坎比一家的住宅旁边。这样的小家庭作坊在意大利北部非常普遍。SG3 一直比较集中制作高档产品，公司的主要业务都是向意大利的连锁商店和超级市场供货。后来，来自发展中国家的廉价产品将 SG3 挤了出去。为了生存下去，SG3 必须创出牌子，继续向更高档产品发展。在这个过程中，SG3 的雇员总数从 25 人减少到了今天的 12 人。玛迪亚先生承认，他们不能像一些大工厂一样，投入大量的资金创立品牌。但是，小也有小的好处，比如说，雇员们觉得自己被雇主当人看待，而不是机器。这样，他们就更加努力工作来保证公司的成功。玛迪亚解释说，规模小说明公司可以根据市场需求很容易地转产。SG3 的成功故事在意大利并不多见。曾经是意大利经济支柱的纺织品工业有可能在今后十年之内不复存在。莫德纳的其他主要工业包括机械和食品加工，也面临陷入困境的危险。特别是，这个地区的很多工厂规模都很小，平均雇员总数不过几个人。为了应付市场需求，意大利全国手工行业和中小企业联合会莫德纳分会推出的措施之一就是，小厂联合起来，这样，这个联合体就可以向市场提供全方位的服务，由此与大厂竞争。（这个例子也从侧面反映出发展中国家廉价产品的涌入给发达国家的相关产业带来了一定的冲击。经济全球化也给发达资本主义国家经济发展带来了不利影响，表现在发达资本主义国家不得不对发展中国家开放市场，使得发展中国家的廉价产品大量涌入，其相关产业受到一定的冲击。）

案例讨论

1. 亚洲金融危机的后果是什么？东南亚国家的教训是什么？

2. 全球化既是机遇又是挑战，对一些国家是机遇，对一些国家挑战更多，你认为我国在全球化条件下的机遇与挑战分别是什么？

案例二　人民币国际化

国家外汇管理局北京分局的一项问卷调查显示，目前，90%的被调查对象认为未来人民币的汇率会保持坚挺，同时，有62%的被调查对象打算将自己拥有的外汇换成人民币。国内外汇持有者开始不再迷信外币，而青睐人民币的外部因素是美元等国际货币的地位今非昔比，而人民币的国际化趋势却越来越强劲。据有关消息，上半年国家外汇管理部门共办理结汇65.3亿美元，同比上升8.2倍，但售汇却只有5.6亿美元，同比下降67.8%，顺差高达59.7亿美元。这个统计结果说明虽然近来国家逐步放宽了个人兑换美元的数量，然而越来越多的人在拿到购买外汇的指标后，并没有到银行换出美元。想想过去，不少人想方设法、甚至通过黑市把手里的人民币换成美元。一旦有了平价的外汇指标，更不迫不及待地到银行兑换，仿佛只有美元更能让人放心。有那么几年，全国个人外汇存款的数量不断连续上升。

不少人都有过换美元的经历，因为总觉得家里除了存人民币，再存些美元更踏实些。然而时过境迁，美元的“光环”好像没那么美丽了。这是因为美元背后的支柱——美国经济的支撑力减弱了。美国经济的疲软，使得2001年以来美联储连续11次降息，失去了美元过去的利率优势，美国利率处于40年来的最低点。加之近来美国股市的不断“跳水”，使美国金融资产缩水达数万亿美元。欧元兑美元汇率也在7月15日历史性地突破了1比1的大关。

美国经济虽然年初就出现了复苏迹象，但温和而脆弱，货币面临贬值大压力。随着安然、世界通信等大公司财务丑闻相继曝光，更动摇了人们对美国经济的信心。有消息表明，越来越多的投资者在纷纷远离美国这个“投资天堂”。在亚洲，投资者不仅对美元的信心一落千丈，对日元汇率也信心不足。

人民币的国际地位提升，主要还是内部因素，即来自对中国经济发展的信心，据2002年的统计数据，2002年上半年我国国内生产总值增长7.8%，多数指标好于预期，国民经济总体运行态势良好。当年上半年我国工业企业经济效益水平明显提高，在前5个月利润已经由降转增，工业经济效益明显提高，利润总额2 278亿元，比上年同期增长5.1%。美、日等发达国家的经济疲弱，也使得大量外资涌入中国，更给中国经济发展增添了动力。

人民币的国际化趋势还可以从周边国家得到印证。人民币在周边国家和地区逐渐成为受欢迎的货币。2002 年 7 月 18 日起，缅甸政府允许赴缅甸旅游观光的中国游客用人民币支付在缅甸旅游期间的费用，到缅甸旅游的每位中国游客可携带 6 000 元人民币入境，不必向缅甸海关申报。在这之前，柬埔寨、尼泊尔两国也曾公开宣称，欢迎人民币在本国市场上正式流通。在亚洲其他国家，如马来西亚、印度尼西亚、蒙古、越南等国，人民币近年的表现也是日益坚挺，特别是在亚洲金融危机后的人民币坚持不贬值的表现，使它成了最受欢迎的货币之一。

案例讨论

1. 如果有美元和人民币这两种货币供选择，作为你的贮藏货币？你选择哪一种？为什么？人民币和美元在你心中的分量怎样？哪一个更重一些？

2. 人民币能否三分天下？有人提出，亚洲也应向欧洲一样，有自己的亚元，你对这一说法有什么评论？

3. 你认为我国人民币在 1997 年的亚洲风暴中保持稳定的原因是什么？

案例评析

（1）本案例表明人民币在国际上被看好，成为世界货币的势头强劲。随着跨国经贸活动和国际金融市场的飞速发展，经济全球化正在以惊人的速度和前所未有的深度将各个国家的经济、社会紧密联系在一起，与此同时，经济全球化进程的不断加快也进一步加深了对全球性货币的需求。在当今世界上，除美元作为主要世界性货币外，欧元、日元等也发挥着一定的世界货币职能，而随着近年来中国经济保持持续增长的强劲势头和经济实力的迅速增强，许多经济学家对在世界政治经济走向多元化背景下的未来世界货币格局做出了大胆的预测，其中，人民币越来越被各方所看好，并成为构成未来世界货币体系的热门“币材”。

早在 1999 年，美国麻省理工学院的著名经济学家鲁迪·登布森教授就在德国《明镜》周刊发表文章，指出 20 年之后，这个世界上将肯定只剩下为数不多的几种货币。在南美和北美，美元将通用；在亚洲，中国的人民币将有可能占据主导地位；而在其余地区，欧元将成为主要货币。2001 年5 月 10 日，德国前总理施密特在国际周讲坛上做了题为《全球结构演变与不确定性》的演讲。他预言30 年后，世界上将可能会有三种主要货币——美元、欧元、人民币。

（2）本案例也预示，在我国，推动人民币走向国际化已经具备了坚实的基础。

①多年来，我国经济一直保持了持续快速增长的良好势头，1996—2000年的5年间，我国GDP平均每年增长8.3%，2000年更是跃上了1万亿美元新台阶；同期我国的对外贸易也取得了不俗的成绩，商品进出口额大幅度增长并持续保持顺差，累计顺差额1 450多亿美元。

②上述案例表明，人民币已经是一种区域性的国际货币，并且随着我国和周边国家、地区贸易和经济往来的进一步扩大和加深，人民币作为区域性国际货币的地位也将日益稳固。如近些年来，在我国与周边国家和地区的边境贸易中，人民币已经被普遍作为了支付和结算的硬通货，人民币与这些国家和地区的货币可以自由地兑换，在香港特区、澳门特区、泰国、越南、缅甸、朝鲜、蒙古、俄罗斯等国家和地区，人民币可以全境或局部通用，一些国家甚至官方正式承认和公开宣布人民币为自由兑换货币，并逐日公布人民币与本币的比价。

③在目前全球范围内发达国家经济前景不甚明朗，有可能发生调整的背景下，我国所进行的一些经济结构调整政策，如加快国民经济和垄断行业的对外开放、注重高科技和资本密集型行业资本的引进、实施西部大开发战略等，都支持人民币在可预见的未来能够保持稳定的币值和充分的国际信用。并且，随着金融体制改革的深化，我国在较短的时间内建立起现代化的很行制度和一个比较完善发达的金融体系，这不仅可以大大提高中国金融业的国际竞争力，而且同时也将有利于人民币在国际市场上发挥世界货币的职能。